V 14072
AF562572

DICTIONNAIRE RAISONNÉ

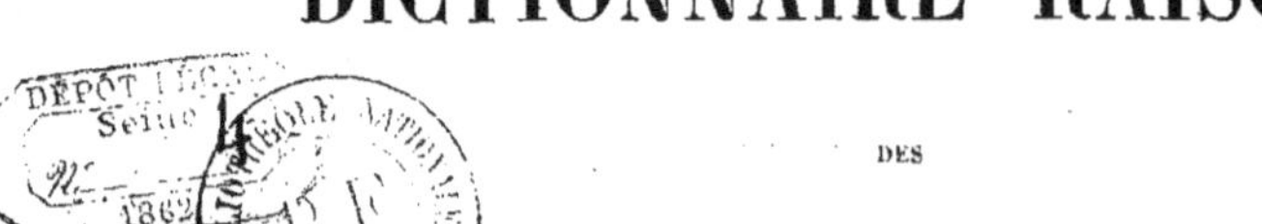

DES

COMMERÇANTS ET INDUSTRIELS

DE PARIS.

OUVRAGE DESCRIPTIF, BIOGRAPHIQUE ET STATISTIQUE

PRÉSENTANT PAR ORDRE ALPHABÉTIQUE

Une Notice détaillée sur chaque maison de la capitale ; notice indiquant la raison sociale, l'adresse et la spécialité de cette maison ; précisant le caractère propre et les mérites particuliers des objets qu'elle fabrique ou qu'elle tient, et quand il y a lieu, résumant les traits principaux de son histoire, rappelant les progrès qu'on lui doit, les distinctions qu'elle a obtenues, en un mot, énumérant tous ses titres et ceux de son chef à la considération publique et à la confiance de l'acheteur ;

SUIVI D'UN INDEX MÉTHODIQUE

OU, SOUS LE TITRE DE CHAQUE SPÉCIALITÉ INDUSTRIELLE ET COMMERCIALE, SONT CLASSÉES TOUTES LES MAISONS MENTIONNÉES DANS CE VOLUME, AVEC RENVOI A L'ARTICLE QUI LEUR EST CONSACRÉ.

ENCYCLOPÉDIE DU TRAVAIL PARISIEN,

RÉPERTOIRE ET GUIDE DE L'ACHETEUR,

PAR UNE SOCIÉTÉ DE SAVANTS, DE TECHNOLOGISTES ET D'ÉCRIVAINS,

Sous la direction de M. VICTOR MEUNIER,

ancien rédacteur de la *Presse* et du *Siècle*, fondateur de l'*Ami des sciences*, rédacteur scientifique et industriel de l'*Opinion nationale*, de la *Semaine universelle*, de la *Presse scientifique des deux mondes*, membre du Conseil d'administration du Cercle de la Presse scientifique, etc.

PROSPECTUS-SPÉCIMEN.

PARIS

BUREAUX : 30, RUE DES SAINTS-PÈRES.

1862

DICTIONNAIRE RAISONNÉ

DES

COMMERÇANTS ET INDUSTRIELS

DE PARIS.

OUVRAGE DESCRIPTIF, BIOGRAPHIQUE ET STATISTIQUE

BIBLIOTHÈQUE IMPÉRIALE

PRÉSENTANT PAR ORDRE ALPHABÉTIQUE

Une Notice détaillée sur chaque maison de la capitale; notice indiquant la raison sociale, l'adresse et la spécialité de cette maison; précisant le caractère propre et les mérites particuliers des objets qu'elle fabrique ou qu'elle tient, et quand il y a lieu, résumant les traits principaux de son histoire, rappelant les progrès qu'on lui doit, les distinctions qu'elle a obtenues, en un mot, énumérant tous ses titres et ceux de son chef à la considération publique et à la confiance de l'acheteur;

SUIVI D'UN INDEX MÉTHODIQUE

OU, SOUS LE TITRE DE CHAQUE SPÉCIALITÉ INDUSTRIELLE ET COMMERCIALE, SONT CLASSÉES TOUTES LES MAISONS MENTIONNÉES DANS CE VOLUME, AVEC RENVOI A L'ARTICLE QUI LEUR EST CONSACRÉ.

ENCYCLOPÉDIE DU TRAVAIL PARISIEN,

RÉPERTOIRE ET GUIDE DE L'ACHETEUR,

PAR UNE SOCIÉTÉ DE SAVANTS, DE TECHNOLOGISTES ET D'ÉCRIVAINS,

Sous la direction de M. VICTOR MEUNIER,

rédacteur scientifique de l'*Opinion nationale*, membre du Conseil d'administration du Cercle de la Presse scientifique, etc.

Un volume grand in-4° sur trois colonnes.

PROSPECTUS.

Le seul livre de renseignements que nous possédions sur cette industrie parisienne, si grande et si variée qu'elle embrasse et résume à elle seule l'industrie presque tout entière, est l'almanach qui donne le nom, la spécialité et la résidence de chaque maison de commerce et de production.

Ces indications sont de première nécessité, mais sont-elles les seules qu'il importe au consommateur de se procurer, et à l'industriel de faire parvenir à la connaissance du public? Évidemment non.

Quel est celui qui ayant à faire l'acquisition d'un produit naturel ou manufacturé n'éprouve le besoin d'informations sur les variétés de ce produit dues, soit à la diversité des modes

(C.)

de préparation, soit à la multiplicité des lieux de provenance, et sur les maisons qui tiennent ou qui fabriquent ces variétés, sur les avantages et les garanties qu'offrent ces maisons, sur les services qu'elles ont rendus et les titres qu'elles ont acquis; en un mot, sur tout ce qui dans l'histoire d'un établissement industriel ou commercial peut intéresser le public ?

D'un autre côté, quelle est la maison recommandable qui ne tienne à fournir toutes les instructions de nature à éclairer l'acheteur, et propres par cela même à la recommander elle-même ?

Cependant, quel moyen a-t-on pour satisfaire l'un par l'autre ces deux besoins d'éclaircissements demandés et de communications offertes ? Aucun. Si étrange que cela soit à une époque de publicité comme la nôtre, on n'a pas encore trouvé le secret d'assurer en tous temps, en toutes circonstances, et d'une manière instantanée, par une voie simple, économique et régulière, la rencontre de celui qui veut vendre et de celui qui veut acheter. Entre ces deux hommes qui ont tant d'intérêt à se rejoindre, le lieu de rendez-vous manque ; quand ils parviennent à s'aboucher, c'est le plus souvent ou l'effet du hasard, ou le résultat d'une laborieuse recherche.

Ce n'est pas que la nécessité de répandre les avis utiles à l'acheteur soit méconnue par ceux à qui il appartient de les fournir. Loin de là ! Ces derniers ne reculent devant aucuns frais de publicité. Ils multiplient les circulaires, les prospectus et les annonces, sollicitent par des affiches l'attention distraite du promeneur, rédigent et publient des notices, vont aux Expositions, obtiennent des Rapports, les font imprimer, les distribuent..... Chacun de ces moyens de publicité a ses avantages, mais réussit-on *à faire que tout document publié par le vendeur aille trouver l'acheteur au moment précis où celui-ci en a besoin*? Non. L'annonce ne vit qu'un jour. Le prospectus moins encore. Ils tombent entre une multitude de mains indifférentes et passent inaperçus de ceux qu'ils intéresseraient ; ils vous arrivent quand vous n'en avez que faire et vous manquent quand vous en avez besoin. A qui n'est-il arrivé de se creuser la tête pour y trouver le souvenir de quelque annonce entrevue on ne sait plus où, un jour qu'on n'en avait pas besoin, et qu'on ne parvient plus à se rappeler, maintenant que le moment serait venu d'en tirer parti ! Que faire donc ? L'une de ces trois choses : ou s'abstenir, ou se décider au hasard, ou perdre un temps considérable en informations. N'est-ce pas là qu'aboutissent en grande partie les frais de publicité que s'imposent le commerce et l'industrie ?

Il y a donc une lacune dans notre système de communications industrielles, il nous manque un organe qui rendrait permanents ces renseignements éphémères, qui centraliserait ces documents épars, qui ferait parvenir sûrement à l'adresse de ceux à qui on la destine toute indication fournie par l'industriel et le commerçant, et à l'aide duquel toute personne en quête d'un produit serait assurée de trouver immédiatement les renseignements propres à guider et à déterminer son choix. En un mot, et comme nous l'avons déjà dit : Le point de rencontre manque entre l'acheteur et le vendeur. C'est ce lieu de rendez-vous que nous créons.

Ce Dictionnaire a pour but de conserver, de centraliser et de résumer sous une forme saisissable, intéressante, usuelle, pratique et conforme en même temps à la dignité de l'industrie, tout ce que les chefs des maisons parisiennes ont intérêt à faire savoir touchant leurs établissements et tout ce que le public a besoin d'en connaître. Notre titre indique le plan que nous suivrons. Le spécimen ci-joint le montre en action, tout détail serait donc superflu. La lecture des articles suivants en dira plus qu'un long discours sur les services que ce livre rendra au commerce et au public. Accessoirement, nous atteindrons un but qui est loin de nous laisser indifférents. Un ouvrage qui embrasse toute l'industrie parisienne et raconte les services de ses principaux représentants, n'est rien moins qu'une encyclopédie technologique et un dictionnaire biographique des promoteurs du progrès industriel et commercial ; en même temps que nous viendrons en aide aux transactions, nous pouvons donc aspirer à faire un livre d'une lecture très-instructive et très-attrayante. Le public jugera si nous y avons réussi.

LE DICTIONNAIRE RAISONNÉ DES INDUSTRIELS ET COMMERÇANTS DE PARIS

paraîtra en 15 à 20 fascicules dont chacun contiendra une ou plusieurs lettres de l'alphabet.

LE PRIX DE L'OUVRAGE COMPLET EST DE 20 FR.

Paris. — Imprimerie Divry et Cᵉ, rue Notre-Dame des Champs, 49.

R.F.

SPÉCIMEN.

BACHELET (N.-C.-L.), Fabricant d'orfèvrerie de table, de bronze et orfèvrerie d'église. Magasin, quai des Orfèvres, 58; atelier, rue de Verneuil, 16. — La spécialité de cette maison est la fabrication des vases sacrés et la décoration des édifices religieux, dans le style du moyen âge. M. Bachelet est le premier qui, avec l'aide d'un de nos plus éminents architectes, ait tenté cette rénovation de décoration assortie au style de nos édifices anciens. Il a obtenu en 1855, une médaille de première classe et deux de douxième classe. Admis à Londres en 1862, il a exposé : les candélabres destinés au maître-autel de l'église Sainte-Clotilde, à Paris, exécutés d'après les dessins de M. Ballu, architecte; une cuve baptismale dessinée par M. Viollet-Leduc, et exécutée sous sa direction; un grand lustre, commandé par Son Éminence le cardinal archevêque de Reims, et pour la chapelle de la Vierge de cette cathédrale; châsses, ostensoirs, crosses, calices, etc. également fabriqués d'après les dessins de cet éminent artiste.

BARBEZAT et Cie (ancienne maison J.-P.-V. André), Maitres de forges au val d'Osne (Haute-Marne), rue Neuve-Ménilmontant, 10. — M. André, fondateur du val d'Osne, commença sa carrière industrielle en 1821 et loua le fourneau de Brousseval. A cette époque les fourneaux de la Champagne ne faisaient que des plaques, des tuyaux de descente, un peu de poterie et quelques pièces dites en terre, moulage lent et coûteux auquel M. André substitua celui en sable; son exemple fut suivi et cette innovation eut pour effet de faire baisser le prix de la marchandise et d'en généraliser l'emploi. Il introduisit aussi dans cette usine le service des grues dont on ignorait complétement les avantages. Quelques années plus tard, ne pouvant plus suffire aux demandes, il afferma l'usine de Morley, qu'il conserva jusqu'en 1847; la fabrication de cette usine ne tarda pas à être consacrée exclusivement aux tuyaux d'eau et de gaz. Le bail de Brousseval étant sur le point d'expirer, M. André loua Thonnance et y transporta la fabrication de cette première usine; il y importa les Wilkinsons et y fit le premier ornement en sable vert qui se soit fait en Champagne. Doué d'une sagacité profonde, M. André comprit tout le développement dont l'ornement était susceptible et sentit la nécessité d'avoir une usine à lui; il jeta ses vues sur le val d'Osne, non loin de Thonnance.

Le val d'Osne avait été une abbaye; quelques murailles en ruine, une masure et des ronces, voilà ce que M. André trouva sur l'emplacement de son usine future. Mais outre le ruisseau d'eau limpide coulant au fond de cette fraîche vallée, outre la proximité de la forêt de Baudray qui promettait des charbons à bon marché, M. André avait découvert un avantage bien plus sérieux dans le voisinage d'un village sans ressources qui devait lui fournir une recrue abondante de travailleurs attachés au sol par la propriété et l'amour du pays natal. Ce village appelé Osne-le-Val est situé à 1 kilomètre et demi du val d'Osne, à 12 kilomètres de Joinville et à 23 kilomètres de Saint-Dizier. Il renfermait une population assez nombreuse d'ouvriers dont la plupart ravageaient les bois; la création de l'usine leur fit perdre peu à peu les habitudes de rapine. Aujourd'hui le pays a changé complétement d'aspect; l'aisance s'est répandue où régnait la misère. Les mouleurs, natifs du village, connurent pour la première fois les avantages du travail honnête et purent mettre quelque argent de côté. Les propriétés profitèrent aussi de cette amélioration; beaucoup de nouvelles maisons se bâtirent; le prix des locations fut décuplé par l'arrivée d'ouvriers étrangers. Les terrains, grâce à la facilité de vendre les denrées doublèrent, de valeur. M. André acheta cette propriété le 11 octobre 1834; l'année suivante il mit les ouvriers à l'œuvre. Les maçons, les charpentiers eurent bientôt transformé l'ancienne abbaye; les murs d'enceinte seuls furent conservés et consolidés, toutes les constructions étaient achevées en 1836, et la première coulée au fourneau eut lieu le 17 novembre de la même année.

L'usine se composait d'un haut fourneau, d'un Wilkinson et d'un bocard à mine; au cours d'eau assez faible dans les temps de sécheresse fut jointe une machine à vapeur (la seconde qui ait paru dans le département de la Haute-Marne.) La première fonte des fourneaux fut employée à fabriquer tout l'ornement dont la commande commençait à prendre quelque importance. Le reste était consacré aux fabrications ordinaires : plaques cannelées, gargouilles, tuyaux, colonnes, cornues, pots à noir, chaudières, trappes de regard, etc. Le moulage en pièces battues vint ensuite, et pour l'installer le val d'Osne engagea plusieurs ouvriers parisiens. L'ornement voyant croître son succès, M. André chargea ses confrères des fabrications ordinaires. Bientôt la sablerie devint insuffisante, elle dut être agrandie en 1839. Le chauffage des chaudières des machines par le gaz des hauts fourneaux venait d'être découvert, M. André l'appliqua l'un des premiers. Songeant aussi au bien-être et à la moralisation du personnel qu'il occupait, il dota son établissement d'une école gratuite pour les enfants de l'usine et les apprentis que l'instituteur du village dirigeait dans la journée, d'une caisse d'épargne pour les ouvriers économes et d'une caisse de secours pour les blessés. En 1845, grâce aux démarches de M. André, les communes du pays obtinrent la construction d'un pont avec péage sur la Marne entre Curel et Chatonrupt; M. André s'en rendit lui-même adjudicataire. Ce pont mit en communication les villages situés sur la rive droite de la Marne et l'usine du val d'Osne avec la route impériale de Joinville à Saint-Dizier, située sur la rive gauche : avantage immense quand on pense que, lorsque la rivière n'était pas guéable, ce qui arrivait six mois de l'année, il fallait suivre des chemins de traverse mal construits et souvent impraticables. Cette communication établie entre l'usine et les différents débouchés, sa réputation et sa clientèle s'accrurent rapidement.

Le premier de tous nos maîtres de forges, M. André entreprit avec Paris et quelques autres villes ces immenses fournitures de gargouilles et de tuyaux de conduite qui fournirent au val d'Osne pendant plusieurs années un travail assuré et lucratif. En fait d'autres travaux remarquables pour l'époque, le val d'Osne débuta par les éléphants qui décorent le monument élevé à Chambéry à la mémoire du duc de Boignes; il fit ensuite des tuyaux surbaissés d'un très-grand diamètre pour le canal à Chalifert, puis le pont de Frouart de quatre arches ayant chacune 30 mètres d'ouverture, travail entrepris pour la compagnie du chemin de fer de l'Est; enfin une grande fontaine pour la ville de Béziers.

M. André exposa pour la première fois en 1839. Le jury lui décerna, pour la variété et la beauté de ses produits, la médaille d'argent; en 1844 celle d'or, et pour les services rendus à l'industrie, il fut nommé chevalier de la Légion d'honneur et reçut la décoration des mains du roi Louis-Philippe. En 1849 on lui accorda le rappel de cette dernière médaille; en 1851 il remportait encore à l'exposition universelle de Londres la médaille du conseil (Conucil médal), mais ce devait être la dernière pour lui, sinon pour le val d'Osne. Usé par un travail incessant, après avoir lutté contre la fatigue jusqu'au dernier moment, il s'ensevelit pour ainsi dire dans son triomphe et mourut le 13 mai 1851.

Madame veuve André, secondée par des directeurs dévoués, tant au val d'Osne qu'à sa maison de Paris, put soutenir pendant quelques années le fardeau des affaires si multipliées qu'embrassait alors l'industrie des fontes, mais elle sentit bientôt qu'il devenait trop lourd pour elle, et que l'avenir du val d'Osne, le progrès constant de son industrie exigeaient la main ferme d'un homme du métier déjà au fait des traditions de sa maison, instruit à l'école de M. André et pour qui la reprise de ses affaires ne devait être que la continuation sur une plus grande échelle et avec des moyens d'action bien plus puissants, de services importants déjà rendus. Au mois d'avril 1855, M. Barbezat se rendit acquéreur du val d'Osne au nom de la société en commandite qu'il venait de former sous la dénomination de Compagnie des hauts fourneaux et fonderies du val d'Osne. Cette nouvelle société se trouvait ainsi placée entre deux périodes : l'une remplie par les succès toujours croissants de M. André, l'autre qui s'ouvrait sous de bien moins favorables auspices, car la concurrence commençait à s'organiser de toutes parts. Il fallait s'efforcer de conserver au val d'Osne la première place dans la métallurgie. La lutte devenait d'autant plus sérieuse que les établissements rivaux profitant des essais, des innovations, des écoles mêmes du val d'Osne, arrivaient armés de toutes pièces, certains avec des capitaux de marcher vite et et bien sur ses traces. Une grande force lui restait cependant, c'était ce noyau d'excellents mouleurs formés depuis vingt années à un travail raisonné et consciencieux. Aussi les premiers efforts des nouveaux établissements tendirent-ils à arracher au val d'Osne le plus grand nombre possible de ces ouvriers. En présence des offres séduisantes qui leur furent faites, plusieurs se décidèrent à enrichir de leur habileté les usines nouvellement fondées dans la Haute-Marne, privant l'usine mère de ses meilleurs enfants et utilisant contre elle l'expérience et la force puisées dans son sein. Mais s'inspirant de l'exemple de son prédécesseur, M. Barbezat vit le remède à côté du mal et l'appliqua. Organiser fortement ce personnel nombreux, l'augmenter en n'y attirant que des hommes vigoureux, habiles et dévoués, reformer sur une plus grande échelle et dans l'usine même cette pépinière de mouleurs; encourager la vie de famille par la cession aux meilleurs de logements vastes et salubres et de terrains à cultiver; dispenser aux enfants de tout âge dans une salle d'asile et une école les soins et l'enseignement; créer par la fondation d'une bibliothèque une source de récréations instructives; prodiguer à tous gratuitement les secours de l'art et les médicaments en attachant un médecin à l'établissement et en y installant une pharmacie, telle fut la tâche que la nouvelle société s'imposa, et qui pleinement accomplie à donné les meilleurs résultats; les chiffres suivants le constatent :

En 1840 le val d'Osne comptait à l'intérieur				140 ouvriers.
			et	21 logements.
En 1855	—	—		200 ouvriers.
			et	26 logements.
En 1860	—	—		320 ouvriers.
			et	46 logements.

A ces chiffres il faudrait ajouter celui des ouvriers occupés extérieurement aux mines, à l'exploitation des bois et les voituriers. Mais là ne devait pas se borner ce travail de réorganisation. L'emploi tous les jours plus fréquent de la fonte d'ornement dans le bâtiment et l'essor donné aux travaux de construction tant à Paris que dans les principales villes de France nécessitaient l'accroissement matériel des moyens de production. D'un autre côté, l'établissement de voies ferrées reliant les points les plus éloignés de la France permettait aux dépositaires de province de ne faire que de petits approvisionnements et de renouveler leurs commissions au fur et à mesure des demandes, certains qu'ils étaient d'être servis promptement et à peu de frais. De là un détail inouï et la nécessité d'occuper plus de bras à la fois; partant le besoin d'espace. L'usine telle qu'elle était devenait insuffisante; aussi en même temps que s'élevaient de nombreux logements d'ouvriers, les ateliers voyaient leur enceinte s'élargir; à côté du premier haut fourneau vint s'en élever un second; un Wilkinson fut aussi ajouté à ceux déjà existants; l'espace réservé au moulage fut doublé; des passages vastes, réguliers divisèrent cette immense halle; grâce à des rails et des plaques tournantes tous les chantiers se trouvèrent desservis avec rapidité et sans encombrement par des waggons commodes établissant une communication prompte et facile entre les divers ateliers de l'usine. Vint ensuite l'érection de deux nouvelles grues; l'installation de deux machines à vapeur, l'une de vingt-quatre, l'autre de six chevaux qui remplaçaient l'ancienne devenue insuffisante. Grâce à ces deux nouvelles machines l'usine s'anima d'une vie nouvelle; elles donnèrent le mouvement au soufflet des hauts fourneaux, au monte-charge, à la pompe qui alimente les tuyères, aux machines à tarauder et au moulin où se broient et se tamisent les sables du moulage. Une autre machine de douze chevaux fut établie à Chatonrupt à six kilomètres du val d'Osne; elle fit marcher un bocard qui fut et est encore d'un grand secours pour le lavage rapide et économique du minerai et assura la régularité des approvisionnements. Ajoutons encore l'appareil à air chaud réédifié pour les deux fourneaux d'après les meilleurs systèmes employés pour utiliser les gaz, une flamberce, une étuve chauffée aussi par les gaz perdus, plusieurs magasins agrandis ou construits à nouveau, un matériel déjà considérable doublé, et nous aurons à peu près énuméré les améliorations matérielles et les agrandissements faits dans l'usine même du val d'Osne.

L'usine se trouvait ainsi assurée de produire de belles fontes et de produire beaucoup; mais les qualités, qui étaient suffisantes il y a dix ou vingt ans avec un nombre très-restreint de modèles, ne le sont plus aujourd'hui. Les maisons particulières, les édifices publics s'élèvent comme par enchantement; les eaux sont amenées de toutes parts pour arroser nos places; des ponts nombreux sont jetés sur nos fleuves; il s'agissait de prévenir les besoins toujours nouveaux et qui à chaque instant devenaient plus multipliés; tel fut aussi et tel est encore le but constant de ses efforts. Abordant avec tout l'attrait d'une difficulté à surmonter chaque projet que lui soumettaient les villes ou les particuliers, le val d'Osne réussit à allier dans ses fontes la beauté des modèles, le fini dans l'exécution à une très-grande économie, et dans l'espace de ces cinq années il parvint à quintupler un nombre de modèles qu'on avait mis vingt ans à atteindre. C'est ainsi qu'il réussit à toujours augmenter sa clientèle. Bientôt, en effet, Lyon montra avec orgueil ses places des Terreaux, de la préfecture, des Célestins et Saint-Michel ou s'élevaient les fontaines monumentales du val d'Osne. Dès 1857 sa rue Impériale était terminée, et les balcons, balustrades, baldaquins du val d'Osne, tous modèles nouveaux faits selon les exigences des différents styles d'architecture, la décoraient tout entière; l'année suivante de beaux candélabres sortis de la même usine y étaient installés sur un parcours de plusieurs kilomètres. Déjà connu pour les quelques travaux importants exécutés dès ses premiers débuts, le val d'Osne vit dès lors sa réputation s'accroître d'une façon tout exceptionnelle. Angers prit la fontaine qui décorait le centre du palais de l'industrie en 1855; le Havre lui demanda tout le réseau de grilles qui entoure l'hôtel de ville et le jardin, puis deux fontaines monumentales; Rouen ses candélabres; Bordeaux deux grandes vasques pareilles à celles d'Angers; le chemin de fer de l'ouest, celui d'Orléans et la ligne franco-Suisse, des quantités de garde-corps et de candélabres; Paris les bancs de ses boulevards et des Champs-Elysées, les bancs gondole du square Louvois, des Arts métiers, etc., etc. Les escaliers d'honneur des ministères des affaires étrangères, de l'Algérie et des colonies furent décorés de ses rampes. L'Egypte elle-même fit exécuter dans cette usine un kiosque gigantesque tout en fonte pour Sa Majesté le vice-roi, et bientôt après cette belle porte-grille, un des titres à la médaille d'honneur de l'exposition universelle. Rio-Janeiro commanda les fontes de son palais impérial. L'Australie demanda une grande vasque pour une place importante de Melbourne.

Partout l'emploi des fontes du val d'Osne se multiplia; les boulevards et les rues de Paris, celles de toutes les autres villes de France en fournissent un témoignage incontestable et sont devenus une exposition permanente de ses produits. En un mot l'extension des affaires répondit bientôt à l'agrandissement de l'usine, et le val d'Osne, devenu presqu'un village à lui seul, sera bientôt encore insuffisant aux besoins de produire qui deviennent tous les jours plus impérieux. Il est du reste décidé à faire ce qui sera nécessaire pour suffire aux demandes toujours plus nombreuses; mais avant tout il tient à cœur de conserver sa réputation si justement et depuis si longtemps acquise d'une belle fabrication; il ne sacrifie jamais la qualité à la quantité, et plus ses travaux augmentent, plus il se montre difficile dans l'examen et la réception des fontes qu'il livre au commerce.

Cependant si la beauté de la fonte est le but principal que se propose le val d'Osne, là ne se borne pas sa tâche. Tel genre de statuaire, tel style d'architecture était goûté hier qui ne l'est plus aujourd'hui, aussi ne s'arrête-t-il jamais. Il ne termine un modèle que pour en recommencer un autre, et si à toutes les Expositions il offre de nouvelles applications de la fonte d'ornement, c'est que tous les jours aussi il cherche à les étendre davantage. Sévérité dans le choix des modèles, exclusion complète de ce qui n'est pas revêtu d'un cachet vraiment artistique, préoccupation constante de multiplier les modèles en les variant, de produire toujours de belles fontes et de les rendre accessibles à toutes les bourses, telles sont les recommandations de l'usine du val d'Osne, telle est la tâche qu'elle s'est toujours imposée et dans laquelle l'ont puissamment aidée et l'aident encore trois artistes distingués; faire leur éloge serait inutile, leurs œuvres sont là qui parlent plus éloquemment que toutes les louanges; nous aurons tout dit quand nous aurons nommé : Liénard pour l'architecture et l'ornementation, Moreau Mathurin pour la statuaire, Jacquemard pour les animaux. Les principales médailles remportées par le val d'Osne dans les cinq dernières années sont ;

La médaille d'honneur en 1855.

Le diplôme d'honneur à Bordeaux, à Toulouse, à Montpellier, etc., etc.

La médaille d'or à Saint-Dizier.

La médaille de vermeil à Troyes.

BAUDOUIN Frères et **JOUANNIN**, Métier a filets, boulevard de la Santé, 17. — Ce métier est le perfectionnement et la mise en pratique du système Buron et Pecqueur. Le nœud reste pareil à celui du pêcheur; les deux rives du filet conservent des lisières à boucles pour le remmaillage; la grandeur des mailles varie également à volonté. Mais, au nouveau métier, ce changement de mailles n'exige plus que cinq minutes; la nappe du filet peut être faite en plusieurs bandes, de largeurs variées, toutes cependant avec lisières, et la marche est si régulière et si sûre, que l'emploi de la vapeur est devenu praticable. Ce métier exige si peu de force, qu'une femme peut le faire marcher à la main. Il ne faut d'ailleurs, pour le conduire, d'autre apprentissage que celui, très-court, du rajustement des fils qui peuvent casser. Un même métier peut faire diverses sortes de filets; mais, pour la fabrication en grand, il est établi des métiers de 50 navettes pour les très-gros filets dits *chaluts* et de 250 navettes pour les filets fins. MM. Baudouin frères et Jouannin ont exposé en 1862 un métier qui n'a que 150 navettes et fait 70,000 nœuds au moins à l'heure. — Patentés en France, en Belgique, en Angleterre et aux Etats-Unis.

BAULANT Aîné, Papiers de luxe pour cartonnages, rue du Temple, 147. — Cette maison, fondée par M. David, appliqua la première la chromo-lithographie à la reproduction des fleurs, paysages, bois de toutes sortes, incrustations, etc., et s'est acquis dans ce genre une supériorité incontestée. Sa riche collection de papiers pour cartonnages se recommande surtout par le choix, le fini des dessins et la parfaite exécution des produits.

BECHARD (L.), Orthopédiste et bandagiste, fournisseur du ministère de la guerre, rue de Richelieu, 20. — Fondé depuis 20 ans, cet établissement occupe un des premiers rangs parmi les maisons d'orthopédie de la capitale. On y trouve : corsets redresseurs, appareils pour jambes torses, pieds bots et ankyloses; ceintures hypogastriques, mains et jambes artificielles, bandages de tout genre, et, là seulement, le bandage *Bijou inoxydable* ou bandage de poche breveté. Médaille 1re classe à l'exposition de 1855, médailles de bronze et d'argent en 1832, 1844 et 1849.

BELVALLETTE Frères, Fabricants de voitures, avenue des Champs-Elysées, 24. Ateliers de construction, rue du Petit-Parc, 61 et avenue de l'Impératrice, 56, à Paris. Maison et ateliers à Boulogne sur mer. — Par le nombre des ouvriers qu'elle occupe, cette maison est une des plus importantes qu'il y ait en France dans cette industrie. La grande réputation qu'elle s'est acquise si rapidement est parfaitement justifiée par le fini et la solidité remarquables de ses produits : aussi les jurys de deux grandes Expositions universelle sont-ils sanctionné le jugement des connaisseurs en décernant à ces fabricants les plus hautes récompenses accordées à la carrosserie. Prize-médal, Londres 1851. Médaille de 1re classe, Paris 1855.

BÉRARD, LEVAINVILLE et Cie. Appareils pour l'épuration de la houille, boul. St.-Martin, 27, et avenue Montaigne, 51. — L'épuration de la houille est, sans contredit, un des progrès de l'art des mines qui a fait faire le plus grand pas à la métallurgie et qui a rendu les plus grands services à la traction des chemins de fer. Cette question toute moderne date à peine de douze ans, et l'initiative la plus utile est due à M. Bérard, inventeur de l'appareil qui porte son nom, lequel a obtenu une récompense de premier ordre à l'Exposition universelle de Londres, en 1851, ainsi qu'une médaille d'honneur à celle de Paris, en 1855. Cet appareil a pour but d'extraire de la houille tous les corps étrangers qu'elle renferme, ayant une plus grande pesanteur spécifique : tels sont les pyrites de fer, les schistes houillers, les sulfures et carbonates de chaux, etc. L'opération est entièrement mécanique et continue : la machine broie le charbon à la grosseur voulue, le classe suivant la grosseur, et sépare les corps étrangers immergés dans l'eau d'après la différence de leur densité. Le charbon épuré est versé directement dans les waggons de transports, pendant que les matières à éliminer se rendent dans d'autres waggons. Ce travail se fait automatiquement, avec une remarquable précision et une très-grande économie; les frais de toute nature sont à peine supérieurs à ce qu'il en coûterait pour charger directement le charbon à la pelle dans un waggon. Ajoutons que les principaux établissements métallurgiques et les houillères les plus importantes de la France, de la Belgique et de quelques parties de l'Angleterre font usage de cet utile et intéressant appareil.

BERNIER Aîné et **F. ARBEY**, Constructeurs mécaniciens, *brevetés s. g. d. g. Scieries, machines et outils pour le travail du bois; commission et exportation*, cours de Vincennes, 41. — Cette maison, de construction toute spéciale, date de 1836. A M. Bernier aîné, son fondateur, dont la persévérance et l'esprit inventif sont bien connus, sont dus, dans l'outillage mécanique ou manuel pour le travail du bois, maints perfectionnements et systèmes nouveaux. Les outils à la main furent le premier but de M. Bernier, qui bientôt fut amené, pour cette fabrication même, à créer certaines machines, dont les plus importantes s'appliquèrent aux moulures, découpages, mortaises, tenons, etc. Ces résultats dépassèrent ses espérances, et l'encouragèrent à de nouvelles constructions mécaniques toujours simples et pratiques. Lorsque l'extension des chemins de fer donna une immense impulsion aux industries travaillant le bois, la réputation des moyens mécaniques de M. Bernier grandit, et aujourd'hui leur avenir est assuré; les constructions, en effet, se multiplient, et la cherté des bois, le manque de bras aidant, les exploitants de forêts, constructeurs de waggons, constructeurs maritimes, charpentiers, menuisiers, facteurs de pianos, ébénistes, etc., ne peuvent manquer d'avoir recours à des machines dont les prix sont modérés et les résultats immenses. Jusqu'à présent les grands ateliers seuls avaient pu s'installer mécaniquement. Les tendances et les efforts de M. Bernier ont eu pour résultats de vulgariser les machines-outils et d'en rendre l'acquisition facile. Les relations de cette maison s'étendent non-seulement en France, mais à l'étranger, et chaque année des industriels de tous pays viennent demander les scieries ou les machines qu'elle a su rendre si faciles à conduire et si productives. La maison Bernier aîné, par l'arrivée récente de M. Arbey, s'est mise en mesure d'embrasser l'ensemble le plus complet d'une spécialité si intéressante. (Voir les prix courants et albums.) — Médailles aux Expositions de 1844, 1849 et 1855.

BILORET, successeur de Prud'homme neveu, fournisseur spécial des lignes télégraphiques des chemins de fer, etc., rue du Faubourg-Saint-Denis, 57. — Fabrique spéciale de fils de cuivre recouverts de soie ou de coton pour appareils électriques, de fils recouverts de gutta-percha ou de caoutchouc, de câbles pour la télégraphie souterraine; piles de toutes sortes, etc.

BLANCARD, Pharmacien, rue Bonaparte, 40.—Pilules d'iodure de fer inaltérables approuvées par l'Académie de médecine de Paris et par les autorités médicales de tous les pays. — Appliquée par un procédé nouveau, la couche résino-balsamique qui recouvre ces pilules a pour but, non-seulement de faciliter l'administration d'un médicament de saveur désagréable mais surtout de soustraire celui-ci à l'action de l'air et de l'humidité, qui la dénaturent et en font varier sans-cesse les propriétés. Mise en contact avec un *cachet d'argent réactif* permanent cette préparation porte toujours avec elle la preuve de sa pureté. Ne devront être considérés comme préparés par l'inventeur que les flacons de pilules qui présenteront le *cachet d'argent réactif*, fixé à la partie inférieure du bouchon et la signature Blancard apposée au bas d'une étiquette verte.

BLANCHET Fils, de l'ancienne maison Roller et Blanchet, Facteur de l'Empereur, rue d'Hauteville 26. — La fondation de cette maison remonte à 1750; elle est due à Pascal Taskin, garde des instruments de la musique du roi Louis XV. Pendant plus d'un siècle, elle jouit, à juste titre, d'une haute réputation, et obtint successivement toutes les récompenses réservées à l'industrie musicale. La médaille d'or lui fut décernée à l'exposition de 1844. La croix de la Légion d'honneur fut accordée à Roller, alors associé de Blanchet fils et inventeur du piano droit. La prize-medal fut le prix de la supériorité de cette manufacture à l'Exposition universelle de Londres, en 1851. Blanchet fils, ancien élève de l'École polytechnique, arrière-petit-fils de Pascal Taskin, héritier de plusieurs générations de facteurs, persévéra dans la carrière de ses pères; il appliqua le fruit de ses études scientifiques à son industrie, et les nombreux perfectionnements qu'il y apporta lui valurent une distinction hors ligne à l'Exposition universelle de Paris, en 1855 : il fut nommé chevalier de la Légion d'honneur. Les qualités qui distinguent les instruments de Blanchet fils sont la puissance et le charme du son, la docilité du clavier, la solidité de la construction, qualités qui répondent aux exigences complexes de l'art du pianiste et qui constituent le véritable piano d'art. Ces résultats sont dus à de sérieuses études sur les tables d'harmonie, à de nombreuses expériences sur la force et l'élasticité des cordes, et à d'ingénieuses innovations apportées dans le mécanisme. Enfin la précision avec laquelle ces pianos sont construits permet de leur appliquer le procédé de la transposition, au moyen duquel on peut instantanément les changer de ton par un simple tour de clef. Indépendamment de ces avantages, les pianos de Blanchet fils réunissent deux qualités essentielles, celle de pouvoir être réglés par la main la moins exercée et celle de ne subir aucune altération quel que soit le climat où ils sont placés.

BORDIN-TASSART, Vinaigrier, fournisseur de S. M. l'Empereur, rue Sainte-Croix de la Bretonnerie, 44. — Depuis plus d'un siècle, cette maison fondée en 1731, jouit d'une grande renommée pour l'excellente fabrication et la qualité supérieure de ses produits. Ses conserves au vinaigre, ses moutardes surfines et surtout ses vinaigres de table, ont obtenu partout le plus grand succès. Médaille à l'Exposition de 1855.

BOUILLET (J.-B.). Confections, fabrique de hautes nouveautés, lingerie, trousseaux et layettes, rue Notre-Dame-des-Victoires, 26. — Cette maison, qui compte quatorze années d'existence, est une de celles dont les relations sont le plus étendues. Elle est en rapport constant avec toutes les grandes maisons de l'Europe, des deux Amériques, etc., et il n'est pour ainsi dire pas de ville où l'on ne rencontre ses confections pour dames, véritables modèles reproducteurs qu'elle entreprend sur la plus vaste échelle, ainsi que la lingerie, les trousseaux et layettes et les soieries brodées. M. Bouillet est un des fabricants qui ont le plus contribué au développement que l'industrie des vêtements de femmes a pris en France, et l'importance considérable que sa maison a acquise si rapidement est la juste récompense des soins qu'il apporte dans sa fabrication et des principes de droiture qui servent de base à ses affaires. Il a obtenu une médaille de première classe à l'Exposition de 1855.

BOURDON (Eugène), Constructeur mécanicien, rue du Faubourg-du-Temple, 74. — M. E. Bourdon a fondé lui-même son établissement en 1833. Bien que s'occupant de travaux de mécanique en général, il s'est plus spécialement livré dans cette période de vingt-neuf années à la construction des machines à vapeur de divers systèmes et à l'organisation des usines et des manufactures dans lesquelles ces moteurs sont employés. Les machines à élever l'eau, les machines soufflantes, les ventilateurs, les appareils de sûreté pour générateurs de vapeur, ont été également pour lui un sujet constant de recherches et de perfectionnements dont son exposition, en 1862, offre divers spécimens qui paraissent présenter un très-grand intérêt. Depuis 1850, M. Bourdon a joint à sa fabrication des machines celle des manomètres métalliques de son système, dont l'application, devenue générale aujourd'hui, a remplacé avec grand avantage celle des manomètres à mercure. Les divers modèles de ces utiles instruments qu'il a exposés à Londres forment une série très-complète des applications variées de ses tubes à section ellipsoïde, contournés de diverses manières. Le nombre considérable de manomètres métalliques que M. Bourdon a livrés à l'industrie en quelques années, dans tous les pays du globe où la vapeur est employée, prouve mieux que tout ce que nous pourrions dire les avantages réels qui caractérisent ce nouveau moyen de mesurer les pressions des gaz, des vapeurs et des liquides. Médaille de bronze en 1834, d'argent en 1839 et 1844, d'or en 1849, d'honneur en 1855; council-medal à l'exposition de Londres en 1851; décoration de la Légion d'honneur la même année.

BOUTTEVILLAIN ET Cie, FABRICANTS DE TUBES EN FER SOUDÉS A RECOUVREMENTS ET SUR MANDRINS, rue Jemmapes, 34. — Usine fondée en 1845. L'emploi des chaudières tubulaires, devenu plus général, assurait à la fabrication des tubes en fer un immense développement lorsque le traité de commerce menaça d'anéantir, en France, cette précieuse industrie. M. Bouttevillain, qui en est le créateur, ne se découragea pas. Il prit de nouveaux brevets et reconstruisit un puissant matériel pour soutenir la lutte. La qualité des *fers au bois* employés par cette maison et les moyens de fabrication perfectionnée dont elle dispose, assurent à ses produits une supériorité reconnue sur ceux importés provenant tous de *fers au coke*.

BRÉVAL (L.), CONSTRUCTEUR DE MACHINES A VAPEUR, rue Chastillon, 22. — Cette maison a trois systèmes de machines à vapeur, qu'elle construit tout spécialement : 1° La machine fixe, avec ou sans condensation. 2° La machine locomobile sur quatre roues. 3° La machine portative, verticale. La machine fixe est du système horizontal, de la force de douze chevaux, à cinquante tours par minute, et détente un quart d'introduction, le cylindre à double enveloppe de vapeur et de bois, distribution à détente variable. La locomobile sur quatre roues est de la force de trois chevaux, à cent tours par minute, détente demi-course; la chaudière est d'une construction toute cylindrique. Le cylindre de la machine est dans le dôme de vapeur. La pompe est placée bien à la main; le montage du train peut se faire en un instant, et l'avant-train est disposé de façon à permettre aux roues de passer au-dessous de la chaudière, de manière à pouvoir manœuvrer la machine aussi facilement qu'une voiture, et par les plus mauvais chemins, à cause de son élévation sur ses roues, tout en ne prenant pas plus de hauteur que les autres systèmes. La machine portative, verticale, est de la force de trois chevaux, à cent tours par minute et détente demi-course. Cette machine est montée sur un seul bâti contre la chaudière; cette disposition est simple et d'une grande solidité. La chaudière est dans les meilleures conditions d'économie, au moyen de deux gros bouilloirs intérieurs, qui reçoivent le coup de feu dans les mêmes conditions que les chaudières fixes. Son nettoyage est des plus faciles.

BROSSETTE (H.) ET Cie. MANUFACTURE DE GLACES ARGENTÉES, rue Sedaine 39. — Ces mots : glaces argentées, éveillent une idée de luxe sur laquelle il convient de s'entendre immédiatement; faute d'explication, l'opinion s'égarerait aisément sur le rôle de l'industrie qui va nous occuper. Il paraît naturel de supposer qu'un produit dans la fabrication duquel l'argent se substitue à l'étain, voit son prix s'accroître en proportion de l'excédant de valeur du métal précieux sur le métal vulgaire. On serait donc porté à croire que l'industrie des glaces argentées n'a d'intérêt que pour les classes riches de la société. Or, c'est une erreur complète. *Une glace argentée est moins chère qu'une glace étamée*, et la preuve irréfutable, c'est que pour soutenir la concurrence que lui fait l'argenture, l'étamage a déjà baissé ses prix de 45 pour 100. Ce résultat, si inattendu qu'il soit, paraîtra fort simple quand on saura à quelle valeur infime s'abaisse la quantité d'argent employée à l'argenture, avec quelle extraordinaire rapidité celle-ci s'opère, à quelles proportions réduites descend la main d'œuvre qu'elle exige et quand enfin on pourra faire le compte de toutes les économies de détail inhérentes à ce procédé. Les glaces argentées sont donc, malgré le prestige du mot, un produit qui s'offre à l'universalité des consommateurs, et ceux-ci lui donneront la préférence, parce que tout en étant moins chères que les glaces ordinaires, les glaces argentées sont incomparablement plus belles que celles-ci (ce dont nous donnerons bientôt la preuve), parce qu'elles se conservent indéfiniment; parce qu'elles résistent à toutes les causes d'altération auxquelles succombent les glaces étamées, au point de pouvoir affronter sans inconvénient l'épreuve de voyages de long cours. Leur succès n'importe pas moins au commerce de la miroiterie dont les glaces argentées accroîtront les débouchés tant à l'intérieur qu'au dehors, par la double influence de leur bon marché relatif et de leur aptitude aux voyages maritimes. Enfin, consommateurs ou industriels, tous les hommes de bien applaudiront à la substitution désormais inévitable de l'argenture à l'étamage, parce que l'argenture est salubre tandis que l'étamage est meurtrier. Il est donc vrai de dire que l'industrie à laquelle cet article est consacré intéresse à la fois et presque au même degré, l'hygiène professionnelle, le commerce général et le luxe domestique.

Maintenant, avant d'aller plus loin, il faut répondre à une objection qui ne saurait manquer de naître dans l'esprit des lecteurs qui n'ont pas suivi jusqu'au moment où nous sommes l'histoire de l'argenture, et dont les souvenirs sur cette matière remonteraient et s'arrêteraient à quelques années en arrière. Pour ces lecteurs, le tableau abrégé qui vient d'être tracé des caractères et des propriétés de l'argenture ne répond à rien de ce que leur mémoire leur rappelle. Sous le nom de glaces argentées ils n'ont connu en effet que des produits chers, sans beauté et sans durée, qui, après avoir surpris la faveur du public, sont rapidement tombés dans un discrédit complet. Déclarons donc que, lorsque nous louons l'argenture comme supérieure à l'étamage sous tous les rapports, nous entendons parler, non point de l'argenture telle que les prédécesseurs de MM. Brossette et Ce la pratiquaient, mais de l'argenture telle que ces derniers la pratiquent. Nos appréciations s'appliquent exclusivement aux procédés créés par MM. Brossette et Ce, brevetés par eux, exploités par eux, et que nous avons pu suivre en détail dans leurs ateliers de la rue Sedaine; à part l'idendité du nom, il n'y a rien, absolument rien de commun entre ces procédés et ceux d'autrefois. Ceux-ci étaient l'enfance de l'art, les autres en sont la maturité, ou plutôt, car il n'y a pas de filiation entre eux, les uns étaient l'illusion, les autres sont la réalité. L'ancienne argenture est morte, la nouvelle prouve sa vitalité, en gagnant chaque jour du terrain, à tel point qu'elle prépare aujourd'hui le tiers des glaces qui se fabriquent à Paris. Et si elle n'a pas déjà totalement supplanté l'étamage, cela tient à deux causes que allons faire connaître. La première est de beaucoup la plus influente, c'est le fâcheux souvenir laissé par l'ancienne argenture; les produits jetés par elle sur le marché avaient pour longtemps compromis le nom et la chose, et comme l'a très-bien dit M. H. Brossette dans une note remarquable communiquée à l'Académie des Sciences dans sa séance du 31 mars 1862 : « C'était bien plus qu'une industrie à élever, c'était une industrie à réhabiliter, » tâche à peu près aussi lourde que de relever commercialement une signature discréditée. C'était peu pour MM. Brossette et Ce que de tirer de leur propre fonds tous les éléments d'une industrie nouvelle; c'était peu en comparaison de ce qu'il leur fallait accomplir pour triompher des préventions provoquées par leurs devanciers. On les rendait solidaires d'antécédents auxquels ils étaient étrangers; on les jugeait non d'après leurs procédés, non d'après leurs produits, mais sur leur nom : Argenture! et comme ce nom était condamné, on les condamnait sans examen. Tout examen nouveau était déclaré superflu. N'ayant jamais vu que de mauvaise argenture, on ne croyait pas que de bonne argenture fût possible. Il y avait chose jugée. La déception avait été trop forte pour qu'on voulût courir la chance d'une déception nouvelle. Et ce qui donnera une idée du discrédit profond dans lequel l'argenture était tombée, c'est que ces préventions contre tout essai nouveau étaient partagées par les hommes de science eux-mêmes. Qu'on en juge par cette curieuse anecdote que nous empruntons à un livre récemment publié. « A cette époque écrit l'auteur (c'était à Londres en 1856) un de nos compatriotes, qui avait l'honneur d'approcher M. Faraday, alla un jour solliciter la bienveillance de l'illustre physicien en faveur d'un Français momentanément fixé à Londres, et qui, au dire de l'officieux intermédiaire avait fait une invention digne de l'honneur qu'on sollicitait pour elle. L'inventeur était l'un des associés de la maison Brossette et Ce; l'invention, celle de l'argenture du verre. Dès qu'il sût de quoi il s'agissait: « C'est inutile, répondit M. Faraday, tout cela a été essayé, a échoué, c'est une question jugée, il n'y a pas à y revenir. » Le visiteur insistait; mais bientôt à bout d'arguments scientifiques, il déserta ce terrain trop désavantageux pour lui en présence d'un tel adversaire et en vint à demander à M. Faraday, à titre de service personnel et comme témoignage d'amitié, de vouloir bien obtempérer à sa prière. La question ainsi posée, le savant se rendit immédiatement. A quelques jours de là, un étranger se présentait chez l'inventeur: « On m'a dit Monsieur, que vous vous occupez d'argenture du verre. — On vous a dit vrai, Monsieur. — On m'a beaucoup vanté vos procédés. — J'en sais gré à celui qui l'a fait. — Vous savez qu'aucun de vos prédécesseurs dans cette voie, n'est arrivé à rien de bon. — Je crois avoir été plus heureux.— Je viens pour m'en assurer. —Puis-je savoir, Monsieur, à qui j'ai l'honneur.....—Je suis Faraday (1): » Hâtons-nous d'ajouter que lorsqu'il eut pris connaissance du nouveau procédé, le grand physicien anglais accorda à l'inventeur une réparation de nature à satisfaire l'ambition la plus haute; il consacra à ce procédé une de ces savantes lectures qui attirent la foule aux séances de l'Institution royale de Londres. Voilà où en était l'argenture en Angleterre en 1856; on va savoir où elle en était en France vers la même époque. Au moment où M. Brossette présidait à l'organisation de ses ateliers, le bruit de ces préparatifs parvint à l'homme honorable qui avait payé de ses propres deniers l'expérience des procédés qui avaient laissé de si fâcheux souvenirs; M. Tourasse (c'est de lui qu'il s'agit), ne connaissait pas personnellement M. Brossette, mais il lui sembla qu'il manquerait à un devoir, si sachant de l'argenture tout ce qu'il en avait appris, il ne donnait pas un avertissement salutaire à celui qu'il voyait courir à une perte, selon lui, certaine. Il prit donc occasion d'un ami commun pour transmettre à M. Brossette de sages avis qu'heureusement celui-ci ne suivit pas, mais qui n'en sont pas moins à l'honneur de la personne de qui ils émanaient. Telle était donc la situation de l'argenture. Ce qu'il a fallu d'opiniâtreté pour la relever d'une telle déconsidération, c'est ce qui sera apprécié par ceux qui ont traversé des difficultés du même genre. On doit trouver très-simple après cela que l'argenture nouvelle n'ait pas encore, en moins de cinq années d'existence, remplacé tout à fait l'étamage. Mais nous avons dit qu'il y avait à cela une autre raison encore ; celle-ci réside dans une concurrence d'une nature tout à fait à part que le succès même de MM. Brossette et Ce leur a suscité. Le mot concurrence ne convient qu'à demi à ce genre de rivalité; il lui convient dans les instants où elle travaille à visage découvert, mais quand elle ne craint pas d'être vue, son vrai nom est contrefaçon. Or, comme contrefaçon, elle donne naturellement d'assez bons produits, puisqu'alors elle emploie tant bien que mal d'excellents procédés, mais, comme concurrence, elle ne donne que des produits détestables, par ce qu'elle ne peut exploiter ostensiblement que les procédés anciens. Tous les jours des glaces défectueuses sont donc introduites dans le commerce, créant un obstacle toujours renaissant au travail déjà si difficile, mais heureusement en bonne voie de la réhabilitation de l'argenture. — Il importe donc non-seulement de distinguer entre les procédés d'autrefois et les procédés d'aujourd'hui, mais encore entre les procédés pratiqués rue Sedaine et ceux qui peuvent être pratiqués ailleurs.

La méthode qui a laissé une si triste renommée, la seule qui ait été mise à l'épreuve en France avant que MM. Brossette et Ce entrassent dans la carrière, avait été inventée par un chimiste anglais M. Drayton. Bien que l'expérience lui ait été défavorable, nous devons rendre hommage au sentiment d'humanité qui avait inspiré l'auteur dans ses recherches, comme plus tard, il inspira MM. Brossette et Ce dans leur création. Il s'agissait de soustraire les ouvriers étameurs à l'influence qu'exerce sur leur santé le maniement du mercure employé dans leurs opérations. Le dangereux métal a sur eux les mêmes effets qu'il exerçait sur les ouvriers doreurs avant l'invention de la dorure électro-chimique. Tremblement des membres, vieillesse précoce, perte anticipée des facultés, tels sont les maux contre lesquels ils ont à lutter. On voulait faire cesser ce martyre, comme a maintenant cessé celui des ouvriers doreurs, et par le même moyen, le seul efficace (car l'expérience a prouvé qu'on ne doit faire aucun fond sur les mesures de précautions), par la suppression totale du mercure. Il s'agissait donc de remplacer l'amalgame d'étain, usité dans la fabrication des glaces, par quelque substance tout à fait inoffensive. L'argent offrait à cette égard toute garantie.

L'idée de l'employer à la préparation des miroirs est née d'une belle expérience de M. Liebig. Ayant fait réagir de l'aldehyde sur une solution ammoniacale d'argent, l'illustre chimiste vit le métal réduit se précipiter de sa solution et se déposer sur le verre sous forme d'une pellicule adhérente à celui-ci, transformé par cela même en une sorte de miroir. Dans cette belle expérience M. Liebig vit le germe de l'industrie qui nous occupe. Il s'agissait de le développer. Bien des questions étaient à résoudre. Un seul fait était acquis savoir, que la solution argentifère à employer devait être neutre ou ammoniacale; cela était suffisamment indiqué par toutes les connaissances acquises en électro-chimie : tout le reste était à trouver. Il fallait 1° trouver un agent convenable pour précipiter l'argent de sa solution, ou en d'autres termes un corps réducteur; 2° créer un outillage; et 3° imaginer tout un manuel opératoire. Voici ce que fit M. Drayton.

Comme corps réducteur, il employa indifféremment l'une de ces deux substances : l'essence de girofle et celle de cassis. L'essence, versée dans une solution ammoniacale d'argent, formait avec celle-ci la liqueur argentifère. — Comme outillage il imagina d'entourer chaque glace d'un châssis dont les rebords, hauts de 40 à 50 millimètres, étaient destinés à maintenir la solution argentifère à la surface du verre. Il fallait par conséquent avoir au moins autant de cadres différents qu'il y avait de formats de glaces. Voici maintenant comment il opérait : La glace après un nettoyage préalable fort long, quoique très-peu efficace, était mise dans son cadre, et comme entre le cadre et la glace il y avait toujours des solutions de continuité, on les bouchait avec du mastic. Cet encadrement prenait une demi-heure. La glace était ensuite portée dans une étuve chauffée à une haute température, et quand elle s'était mise au degré de chaleur de l'étuve, on versait à sa surface, à l'intérieur du cadre, la solution précitée. On en versait à raison de 10 litres par mètre carré formant une couche de 10 millimètres. Cette solution qui coûtait dans les premiers temps de 30 à 35 francs le litre, finit par descendre à 10 francs, limite qu'elle ne put jamais dépasser. C'était donc 100 francs de liqueur par mètre carré. Le dépôt durait deux heures. La quantité d'argent déposé formait le vingtième de la quantité précipitée. Cette solution était des plus capricieuses; active à un moment donné, elle n'allait plus une demi-heure après. Il fallait épier le moment de s'en

(1) *L'étamage des glaces remplacé par l'argenture*, selon le procédé exploité par MM. H. Brossette et Ce, par Victor Meunier. In-18, Paris. Savy, 1862.

servir. Ce n'était pas la liqueur qui était à la disposition de l'ouvrier ; c'était l'inverse. Au total, la préparation d'une glace occupait deux ouvriers pendant cinq heures et par conséquent ces deux ouvriers ne pouvaient faire que deux opérations, ou deux glaces, en une journée de dix heures. — La proportion de substances employées, le prix de ces substances, la complication de la main d'œuvre, la lenteur de l'opération, tout nous dispense de dire que les glaces préparées d'après une méthode aussi primitive, ne pouvaient descendre au-dessous d'une limite de prix encore fort élevée. On sait en outre ce que valait comme beauté et comme durée le produit si laborieusement préparé. D'où venait son infériorité? En grande partie du corps réducteur choisi aussi malheureusement que possible. L'essence s'oxydait, et ses particules résinifiées, entraînées par l'argent qui se précipitait, venaient se déposer sur le verre et le tachaient. Le mastic si malencontreusement employé agissait d'une façon analogue, produisant de longues traînées jaunâtres le long des bords de la glace. Le dépôt de l'argent était irrégulier, manquait entièrement en de certaines places. L'opération dans son ensemble était des plus incertaines; le succès était un coup de dé. On échouait, on réussissait sans savoir pourquoi ; seulement l'insuccès était la règle, la réussite l'exception. Bien plus, la réussite même n'était qu'apparente; la glace, du plus bel aspect au sortir de l'atelier, était quelques mois plus tard de niveau avec celles qu'on avait jugées invendables, et qu'on s'était résigné à recommencer. Une industrie ne se soutient pas dans de telles conditions. Celle-ci dura juste le temps nécessaire pour infliger de lourdes pertes d'argent à d'honorables capitalistes et pour compromettre par avance un des progrès industriels les plus désirables, puisque c'est en même temps un progrès de l'hygiène. C'est alors que parurent MM. Brossette et Ce, et on va juger si leurs procédés ont rien de commun avec ceux qui viennent d'être décrits.

On a vu que comme corps réducteur M. Drayton employait l'essence de girofle ou celle de cassis; MM. Brossette et Cie emploient l'acide tartrique. Or l'acide tartrique étant un composé auquel ne saurait avoir aucun des inconvénients des essences ci-dessus; évidemment il ne s'oxydera pas, évidemment il ne saurait donner naissance à des matières résineuses, par conséquent il ne tachera pas le verre. — Comme outillage, M. Drayton n'avait à offrir que cet énorme matériel de cadres dont il entourait ses glaces. MM. Brossette et Ce suppriment les cadres et du même coup l'encadrement qui prenait une demi-heure; avec l'encadrement disparaît le mastic cause de souillure. Mais, demandera-t-on, s'ils ne donnent pas de rebords à leurs glaces comment retiendront-ils à la surface de celles-ci la solution argentifère? C'est ici que se place le détail le plus élégant de leur système de fabrication et que la simplicité, qui en forme le trait essentiel, brille de son plus vif éclat. Certes MM. Brossette et Ce n'ont pas découvert la capillarité, mais ils ont eu cette idée qui suffirait pour leur mériter un brevet d'inventeurs pratiques, que la capillarité toute seule, ou l'attraction moléculaire, suffirait pour maintenir sur la glace le liquide argentifère et que tout obstacle était inutile pour s'opposer à la fuite de celui-ci. Et les choses se passent en effet comme ils l'avaient prévu. En conséquence, sans entourer la glace d'aucune barrière ils versent à sa surface tout ce qu'elle peut retenir de solution et ce qu'elle en peut contenir suffit à l'argenture. De sorte qu'en résumé tout le monde avant eux s'était ingénié à résoudre un problème qui n'existe pas. Mais s'aviser que les choses iraient d'elles-mêmes, était une idée trop simple pour se présenter à l'esprit des premiers venus. — On a vu que M. Drayton chauffait sa glace à même une étuve; MM. Brossette et Ce suppriment encore cette étuve, et cela en dotant leur industrie de ce dont aucune industrie ne peut se passer, savoir, d'un établi, approprié à ses besoins. L'établi de l'argenture est une sorte de table métallique chauffée, (nous dirons comment) et chauffée gratuitement, sur laquelle on couche les glaces à étamer. M. Drayton, à prendre le mot au sérieux, n'avait pas d'outillage; celui qui fait aujourd'hui la précision des opérations d'argenture est tout entier de l'invention de MM. Brossette et Ce. — M. Drayton ne savait pas nettoyer ses glaces, et il mettait à cette opération un temps considérable, essayant de compenser ainsi ce qui lui manquait du côté de l'efficacité des substances. MM. Brossette et Ce décapent leurs glaces à la potée d'étain, qui n'avait jusqu'à eux été employée qu'au polissage, et cette petite opération dispose admirablement les glaces à recevoir l'argenture. Du reste, nettoyage et décapage ne demandent que quelques minutes dans le procédé actuel. — M. Drayton versait sur chaque mètre carré de glace 10 litres de liqueur argentifère formant une couche de 10 millimètres. MM. Brossette et Ce n'emploient que 2 1/2 litres formant une couche de 2 1/2 millimètres. — Ce liquide revenait à 10 fr. le litre à M. Drayton, il revient à 1 fr. 30 à MM. Brossette et il baissera encore. — La précipitation de l'argent durait deux heures dans le procédé Drayton, elle dure 32 à 40 minutes dans le procédé Brossette. — M. Drayton ne déposait que le vingtième de l'argent précipité, MM. Brossette en déposent la moitié. — Enfin 2 ouvriers travaillant selon l'ancienne méthode ne faisaient que deux glaces par jour; dans le même temps, le même nombre d'hommes fait douze opérations d'argenture, et chacune de ces opérations selon la dimension des glaces traitées, comprend de 4 à 12 glaces argentées simultanément.

Les procédés différant à ce point, la diversité dans les produits s'ensuit nécessairement. M. Drayton qui employait les substances les moins convenables au but proposé, qui par les plus malencontreuses dispositions introduisait comme à plaisir des chances d'insuccès dans ses opérations, qui à proprement parler n'avait pas d'outillage, M. Drayton avait, nous l'avons dit, plus d'insuccès flagrants que de réussites apparentes à enregistrer; MM. Brossette grâce au choix bien entendu des réactifs, à la stabilité et à la précision de l'outillage, à la simplicité des manipulations, opèrent avec une certitude comparable à la régularité d'action d'une œuvre purement mécanique. M. Drayton produisait des glaces chères, dépourvues de beauté, sans solidité ; MM. Brossette et Ce en produisent qui ont toutes les qualités opposées à ces défauts; d'un bon marché remarquable, d'une beauté sans pareille, et d'une solidité à toute épreuve.

Cette distinction entre les anciens et les nouveaux procédés une fois établie et le lecteur pouvant apprécier maintenant si l'industrie qui nous occupe est digne de son attention, on nous saura gré sans doute, de décrire au moins sommairement les opérations qui se pratiquent dans les ateliers de MM. Brossette. Ces opérations se partagent en trois phases. Les unes précèdent l'argenture et préparent la glace à la recevoir, les secondes constituent l'argenture même, les dernières complètent le travail. — 1° *Opérations préliminaires.* La glace destinée à être argentée, doit être nettoyée, décapée et lavée, choses qui demandent le plus grand soin. Le nettoyage se fait au blanc d'Espagne et le décapage à la potée d'étain, l'un et l'autre délayés dans l'eau distillée. Le lavage se fait également à l'eau distillée. — 2° *Argenture.* L'argenture nécessite deux liqueurs argentifères et un appareil. Les deux liqueurs ne diffèrent l'une de l'autre que par les proportions relatives des mêmes éléments. Voici la composition de la première empruntée à l'ouvrage déjà cité: « 100 grammes d'azotate d'argent sont traités avec 62 grammes d'ammoniaque pure à 0,870 ou 0,880 de densité, puis avec 500 grammes d'eau distillée; enfin le rinçage du vase dans lequel la préparation a lieu fait entrer 100 grammes d'eau de plus dans la solution : celle-ci étant filtrée, on y ajoute seize fois son volume d'eau distillée ; puis goutte à goutte, en agitant sans cesse 7 gr. 5 d'acide tartrique dissous préalablement dans 30 gr. d'eau distillée. » La seconde liqueur ne diffère de la précédente que par une quantité double d'acide tartrique (15 gr.) — L'appareil sur lequel s'opère l'argenture consiste en une grande table quadrangulaire en fonte, à double fond parfaitement plane et bordée sur ses quatre côtés d'une rigole destinée à recevoir le liquide répandu pendant l'argenture, liquide que cette rigole conduit dans un recipient où on le reprend ensuite pour lui faire rendre l'argent non employé qu'il renferme encore. Cette table est couverte d'une toile cirée par-dessus laquelle est étendue une couverture de coton; l'une et l'autre, constamment baignées par le liquide argentifère, s'imprègnent à la longue d'argent; quand elles sont hors de service, on les incinère pour en retirer leur précieux contenu. Ces opérations sont conduites avec tant de précision que la perte ne s'élève pas au centième de l'argent employé en solution. Nous avons dit que la table est à double fond; ce double fond est plein d'eau que des tuyaux de vapeur logés également dans l'épaisseur de l'appareil maintiennent à une température qui oscille entre 30 et 50 degrés. Cette vapeur condensée donne l'eau distillée nécessaire à l'argenture, de sorte que le chauffage de la table et des glaces ne coûte rien. Voici maintenant comme on procède à l'argenture. — Les glaces préparées comme il a été dit, sont posées à plat et côte à côte sur la table; on en met autant que la superficie de celle-ci en comporte, et quel qu'en soit le nombre elles seront toutes traitées à la fois. Si elles ne sont pas exactement horizontales, on les cale avec de petits coins de bois, puis, sans autres préparatifs, on verse à leur surface la première liqueur ci-dessus indiquée. On en verse autant qu'il en peut tenir. Contrairement à ce qu'on imaginerait, cela ne demande aucune précision. L'opération est alors abandonnée à elle-même. Au bout de 7 à 8 minutes on voit la précipitation commencer; elle est complète en 25 minutes, c'est-à-dire que dès ce moment la glace est toute recouverte d'argent. On la soulève par un de ses côtés pour faire écouler le liquide et la laver à l'eau distillée; après quoi on la remet en place et on la recouvre de la deuxième liqueur. Un nouveau dépôt commence qui ne demande que de 12 à 15 minutes, l'argenture est achevée. Les deux opérations ont demandé de 37 à 40 minutes. — 3° *Opérations postérieures à l'argenture.* La glace est portée dans le séchoir ; quand elle a perdu toute trace d'humidité, on étend sur le côté argenté une couche de peinture au minium contenant de l'essence et une huile siccative; dès qu'elle est sèche, la glace peut être livrée, tout parquet est inutile. Il est donc rigoureusement exact de dire qu'une glace peut, dans la même journée, entrer en blanc dans l'atelier d'argenture et en sortir transformée en miroir. Encore la partie la plus longue de l'opération n'est pas l'argenture elle-même, mais le séchage de la peinture. Sans cette peinture, une glace serait prête en moins d'une heure, car les préparatifs de l'argenture (nettoyage et décapage) ne demandent ainsi qu'on l'a dit que fort peu de temps. — Nous ne craignons pas d'être démentis en disant que peu de branches d'industrie l'emportent sur l'argenture des glaces pour la simplicité, l'élégance, la nouveauté et l'économique entente des procédés, et nous sommes persuadés qu'on lira dans la disposition d'esprit la plus favorable l'énumération qui nous reste à faire des principaux avantages de cette préparation.

L'argenture des glaces constitue sous le rapport professionnel un procédé d'une innocuité parfaite, cela est d'une évidence limpide, et la simple nomenclature des substances employées en donne la démonstration. Leur seul inconvénient est que le nitrate d'argent noircit les mains des ouvriers, et c'est un bien petit inconvénient comparé au tremblement mercuriel. La salutaire révolution opérée ici recommande l'argenture aux suffrages de la commission des prix Montyon, et le titre d'*industrie de bienfaisance* que lui a donnée M. Brossette est parfaitement justifié. — Les glaces argentées sont remarquablement plus belles que les glaces étamées. D'après M. Jobard, le pouvoir réflecteur des premières serait double de celui des secondes. M. le professeur Nicklès déclare que lorsqu'on suspend côte à côte contre un mur deux glaces, dont l'une est à tain d'argent et l'autre étamée au mercure, la première « paraît comme douée d'une lumière propre » tant son éclat est supérieur à celui de la seconde. — Les glaces argentées sont moins chères que les glaces étamées, ce qui résulte de ce fait que, comme nous l'avons déjà dit, l'argenture a fait baisser de 45 0/0 le prix de l'étamage. — Les glaces argentées résistent mieux que les glaces étamées aux causes d'altération, ou en d'autres termes sont plus durables que ces dernières. Et, en effet, elles ne craignent ni l'action directe des rayons solaires, ni l'humidité, ni les variations de température, et tout le monde sait qu'on n'en peut dire autant des glaces ordinaires. Des glaces argentées, dont la fabrication remonte authentiquement à plusieurs années, démontrent que ce genre de produit n'a rien à redouter de l'épreuve du temps. — L'étamage d'une glace dure de 10 à 40 jours; l'argenture proprement dite ne demande que 40 minutes, et toute glace argentée est faite en un jour. — La glace étamée nécessite un parquet, des flanelles; la glace argentée n'en a pas besoin. — Le tain est fragile, l'argenture est rustique. — Le tain avarié ne peut se réparer dans des conditions à la fois artistiques et économiques; réparer une glace argentée c'est la chose la plus simple et la plus expéditive du monde. — Une glace étamée ne peut être retournée de haut en bas, sans que le mercure, encore fluide même après des années, ne détermine des déchirures dans le tain ; une glace argentée, parvenue dès la première minute de sa fabrication à un degré de stabilité absolue, peut affecter sans inconvénient des positions quelconques. — Enfin, tandis qu'un voyage de long cours est l'épreuve la plus redoutable à laquelle on puisse soumettre les glaces ordinaires, cette épreuve est sans péril pour les glaces argentées. Ajoutons aussi que leurs frais d'expédition sont dégrevés du poids des parquets dont les glaces étamées ne peuvent se passer.

On voit donc que, comme on l'a dit en commençant, tout le monde a intérêt au succès de l'argenture ; l'ouvrier, qui sera soustrait par elle à des chances certaines d'infirmités; — le consommateur, à qui elle offre un produit plus parfait et moins cher; — le commerce, auquel elle ouvre des débouchés nouveaux. Aussi sommes-nous heureux d'avoir à constater que ce succès n'est plus à l'état d'espérance; c'est un fait qui ressort à la fois de la part importante pour laquelle les ateliers de la rue Sedaine contribuent aujourd'hui à la fabrication des glaces qui se font à Paris (part que nous avons précisée) et des distinctions flatteuses qui ont été accordées à MM. Brossette et Ce. La première en date et l'une des plus honorables est celle qu'ils ont obtenue de M. Faraday et que nous avons mentionnée. Dans l'année même (1856) où l'illustre savant étendait sur eux son patronage, la société universelle d'Encouragement de Londres leur décernait une médaille d'honneur. Quatre ans après (1860) sur le Rapport de M. Levol, la société d'Encouragement pour l'industrie nationale leur donnait la même récompense. Ils ont obtenu des médailles à toutes les Expositions auxquelles ils ont paru, à celle de Dijon et de Toulouse en 1858 ; à celle de Besançon en 1860. Ils viennent d'en obtenir une à l'Exposition de Londres. Ces encouragements ne peuvent que justifier aux yeux des lecteurs l'intérêt que cet article leur aura inspiré, nous l'espérons, pour l'industrie nouvelle. Ceux qui voudront sur elle plus de détails, pourront consulter les ouvrages et les documents suivants: Faraday, *Mechanic's Magazine*, t. LXV, p. 4. Levol, *Bulletin de la société d'encouragement pour l'industrie nationale*, mai 1860. Payen, *Précis de chimie industrielle*, 1859, t. II, p. 722. Jobard, *Des glaces argentées*, broch. in-32, Bruxelles 1857. Victor Meunier, *L'argenture des glaces substituée à l'étamage*, in-18. 1862. Les procédés de MM. Brossette et Ce ont été en outre l'occasion d'articles étendus publiés en 1857 et 1859 dans le *Siècle*, la *Presse* et l'*Opinion nationale*, par les rédacteurs scientifiques de ces journaux. Enfin il nous faut citer l'excellente note rédigée par M. Brossette lui-même et adressée à l'Académie, *Comptes rendus*, t. LIV, p. 730, séance du 31 mars 1862.

CARRÉ, ET Cie. APPAREILS RÉFRIGÉRANTS, rue Ménilmontant, 149. — Les appareils inventés par M. Carré et exploités par la *Société des appareils réfrigérants* sont de deux espèces : 1° Appareils intermittents destinés à la production, dans les familles, de la glace artificielle, des sorbets, du champagne frappé et autres préparations glacées. Leur emploi n'exige aucune préparation spéciale; il suffit de les chauffer quelques instants et de les laisser refroidir pour que leur effet se produise. La seule dépense est donc la consommation en charbon : or un kilogramme de charbon de bois donne naissance à 4 ou 5 kilogrammes de glace. 2° Appareils continus, destinés à l'industrie et combinés pour réaliser la plus grande économie de combustible. Ils servent à la fabrication des carafes frappées, des sorbets, mais plus généralement à la production du froid. On les utilise à la fabrication de la bière; à la précipitation du sulfate de soude des eaux mères des marais salants, et d'autres sels de leur dissolution, de la paraffine des huiles; à la distillation de l'eau de mer par voie de congélation; à la concentration des solutions diluées; à la fabrication des bougies; à la solidification des graisses, colles, etc... en un mot, ces appareils s'adressent à toutes les industries qui chôment l'été, ou sont obligées à des emmagasinages coûteux. Chaque kilogramme de houille s'y convertit en 10, 15 ou même 20 kilogrammes de glace, suivant leurs dimensions croissantes.

CASSELLA, MANUFACTURE DE PEIGNES EN CORNE ET ÉCAILLE, boulevard de Sébastopol (rive droite), 93. Usine à Ezy (Eure.) — Les produits de cette maison, comme qualité et comme prix, rivalisent avec avantage avec tout ce qui se fabrique en ce genre.

CHAIX, ÉBÉNISTE, place de la Bastille, 12. — Grand assortiment de meubles, tels que chambre à coucher, salon, cabinet, galeries, spécialement salle à manger et tout ce que comprend la décoration de l'ameublement, genre classique et genre XVIIe siècle. Commission, exportation, prix modérés. Médaille en 1855.

CHOQUART (C.), CHOCOLATERIE IMPÉRIALE, seul fournisseur de S. M. l'Empereur, rue de Rivoli, 182. — Fondée depuis douze ans à peine, la chocolaterie impériale de C. Choquart est devenue aujourd'hui une des premières maisons de France par l'importance de sa fabrication. La rapidité surprenante avec laquelle cette maison s'est élevée au premier rang, la faveur dont ses produits jouissent dans la haute consommation et dans le commerce, ne sont dues évidemment qu'à leur excellente qualité et à leur prix modéré. Le choix approfondi des matières premières, les soins minutieux qui président à la préparation de ces marchandises, enfin les procédés nouveaux et secrets employés dans la fabrication du chocolat impérial, font de ce produit, honoré déjà, aux diverses Expositions, de six médailles de bronze et d'argent, un aliment reconnu digne d'être servi sur la table de Leurs Majestés Impériales. Les bonbons en chocolat, article si recherché aujourd'hui, sont l'objet d'un travail et de soins particuliers qui leur ont permis de suivre la marche progressive du chocolat et d'arriver à un degré de perfectionnement qui n'avait pas encore été atteint. Ces bonbons distingués, desserts de la cour, sont servis dans tous les festins des palais impériaux.

CLAVIER (E.), SCULPTEUR-FABRICANT, rue Neuve-Saint-François, 12. — Spécialité de chenets en bronze et fonte de fer malléable polie. Atelier de sculpture formé, en 1846, pour la fabrication des bronzes. Médaille de bronze comme coopérateur sculpteur en 1855.

CLAYE (ancienne maison VIOLET), PARFUMEUR FOURNISSEUR BREVETÉ DE S. M. L'IMPÉRATRICE, rue Saint-Denis 317. — Cette maison compte environ quarante ans d'existence, et sa réputation est européenne. Le jury international avait, en 1855, rendu justice à la qualité de ses produits et avait été frappé de ses moyens de fabrication. Voici comment s'exprime le rapporteur : « MM. Allard et Claye, entre autres produits, ont exposé des savons de toilette obtenus avec l'huile de palme décolorée par la lumière, mode d'action qui paraît lui maintenir pour la fabrication des savons de toilette des qualités que la décoloration par le bichromate de potasse lui aurait fait perdre. » (Extrait du *Rapport du jury mixte de* 1855, n° 2427, 9e classe.) Depuis, les affaires de la maison Violet n'ont fait que grandir, et un récent procès, justement célèbre, est venu en démontrer encore une fois l'honorabilité et l'importance, et a permis d'établir, par des chiffres, le développement que leur avait apporté le savon de thridace, dû à l'initiative de M. Claye. Ce produit figure pour près d'un quart dans le chiffre énorme de 1,300,000 francs, résultat du dernier inventaire de la maison Violet. — Médailles de mérite aux Expositions universelles de 1851 et 1855.

COLLARD, ÉDITEUR, PHOTOGRAPHE des ponts et chaussées; atelier central de photographie, boulevard de Strasbourg, 53. — Cette maison fondée en 1854, ayant toujours eu pour but principal l'exploitation de la photographie commerciale, M. Collard a dû s'appliquer constamment à faire vite, bien et à bon marché, triple résultat qu'il a obtenu par un ensemble d'heureuses modifications, et notamment par l'emploi de son nouveau virage, qui, tout en procurant une économie considérable, donne aux épreuves des teintes magnifiques et une solidité incontestable. Mention honorable à l'Exposition de 1855; médaille d'or de la Société d'encouragement; médaille d'argent à l'Exposition de Metz.

COLLAS (A. C.), PHARMACIEN-CHIMISTE, rue Dauphine 8. La nitro-benzine, la benzine et autres substances analogues figurent au premier rang des produits préparés par cette maison. C'est à l'Exposition universelle de Londres en 1851 que la nitro-benzine a été montrée pour la première fois, par M. Collas, qui l'a découverte (paquet cacheté, déposé à l'Académie des sciences de Paris en octobre 1848), et la fabriquait alors manufacturièrement. Il en a été récompensé par une médaille de prix dans la classe 4, et une mention honorable dans la classe 2.

CREMER, MARQUETEUR-MOSAISTE, rue Saint-Louis (Marais), 60. — M. Cremer a fondé sa fabrique en 1836, et, depuis cette époque, les récompenses les plus flatteuses n'ont cessé de consacrer le talent de cet habile artiste. A l'Exposition de 1839, il obtient la seule médaille décernée à son industrie; à celle de 1844, la seule médaille également, et tous ses produits furent achetés par le roi Louis-Philippe. En 1849, il reçoit, pour un nouveau genre de marqueterie de mosaïque en bois, la médaille d'argent, et, cette fois, c'est la cour de Russie qui acquiert les objets exposés. En 1851, les marqueteurs-mosaïstes de toutes les nations se trouvent en présence au palais de cristal de Londres; il l'emporte sur tous ses confrères de l'étranger, et c'est à lui qu'est décernée la *prize medal*. Enfin, en 1855, il mérite encore, au palais de l'Industrie, la médaille de première classe, pour une nouvelle invention de marqueterie par la pile électrique. Telles sont les distinctions qu'a reçues M. Cremer, et qui, comme autant d'étapes glorieuses, ont marqué sa carrière artistique.

DAGRON, PHOTOGRAPHIE MICROSCOPIQUE *montée ou non montée sur bijoux, breveté s. g. d. g. pour la France, l'Angleterre, etc.*, rue Neuve-des-Petits-Champs, 6. — Le 25 novembre 1860, on lisait dans le *Constitutionnel* : « Une curieuse trouvaille vient d'être « faite dans les Champs-Elysées et a été déposée aussi« tôt à la Préfecture de police. C'est une bague d'une « grande richesse, entièrement neuve, dont nous croyons « pouvoir donner une description assez détaillée, car « elle ne sera certainement remise qu'à bon escient à la « personne qui la réclamera.

« Le chaton est orné d'une couronne royale en dia« mants, sur rubis, avec le chiffre V. A. également en « diamants. Sous le chaton se trouve un stéréoscope, « pour ainsi dire imperceptible; les oculaires ne sont « guère plus grands qu'une tête d'épingle, et les deux « conduits ont à peine le diamètre d'une très-fine « plume de corbeau. En tenant l'œil fixé sur les trous « oculaires, on distingue sur l'objectif les portraits du « prince Albert et du prince de Galles, en photographie, « et, par suite du grossissement, les portraits, invisibles « certainement à l'œil nu, puisqu'ils n'ont pas le dia« mètre d'une petite lentille, arrivent à la grandeur « d'une carte de visite, et l'on peut même lire le nom « du prince de Galles sous le portrait de S. A. R.

« Une circonstance qui pourra donner une direction « aux recherches, c'est qu'il y a peu de jours une plainte « a été portée sur le vol d'un coffret de bijoux expédié « de Paris à la cour d'Angleterre. »

Le lendemain, M. le préfet de police recevait un de ces *stéréoscopes*, pour ainsi dire *imperceptibles*, dans lequel se trouvait, à côté de l'article du *Constitutionnel*, reproduit en entier, une lettre aussi longue de M. Dagron, inventeur des bijoux photographiques, qui réclamait cette bague comme faisant partie d'une boîte contenant onze bijoux qu'il adressait à S. M. la reine d'Angleterre et qui avait été volée au chemin de fer du Nord. Quoique M. le préfet de police soit peu susceptible d'étonnement, par la nature même de ses importantes fonctions, il fut émerveillé de la manière dont cette réponse lui était adressée, et la bague trouvée, jointe à la réclamation de M. Dagron, passant du cabinet de M. le préfet dans son salon, y devint un des plus intéressants objets de curiosité pour ses visiteurs. Le voleur de la boîte échappa aux recherches judiciaires; mais M. Dagron adressa à S. M. la reine Victoria un second envoi, qui cette fois lui parvint, et qu'elle daigna accepter, comme le constate la lettre de M. Ruland, secrétaire de S. A. R. le prince Albert, en date du 10 février 1860.

L'histoire de ce vol, la description de la bague par le *Constitutionnel*, la réclamation de M. Dagron, firent alors du bruit et attirèrent vivement l'attention sur la découverte, ou plutôt sur l'application si ingénieuse que l'habile artiste, déjà en réputation à cette époque, venait de faire de la photographie microscopique à la bijouterie.

Depuis longtemps, en Angleterre surtout, on avait bien fait de la photographie microscopique, et en France des essais avaient été tentés pour mettre ces épreuves dans de petites lunettes à tirage variable qu'on portait comme breloques de montre; mais, dans tous ces essais, l'image, obtenue sur une glace, devait être grossie par une lentille à distance, et ce procédé, fort incommode et peu satisfaisant dans ses résultats, différait complétement de celui trouvé par M. Dagron.

Réunissant la photographie au microscope, il en avait fait, sous un volume qui n'égale pas celui d'un grain de blé, un seul et si petit objet, qu'on peut l'appliquer aux bijoux les plus délicats. Là est surtout le mérite de cette invention, qui créait à l'industrie photographique une branche nouvelle des plus importantes et dont le succès devait être tel, que la contrefaçon, y voyant une source féconde de lucre, devait s'attaquer avec rage aux brevets qui garantissent à l'inventeur la propriété de son œuvre.

M. Dagron est parvenu en effet, à force d'essais et de coûteux tâtonnements, à rendre si simple et si facile la fabrication de ces photographies microscopiques, que le photographe-opticien le moins habile peut, après en avoir lu la description, mettre en pratique ses procédés, et obtenir des épreuves où il ne manquera que ce sentiment artistique auquel l'habileté cupide ne put jamais suppléer, et que Dieu mot dans un si petit nombre d'âmes.

M. Dagron obtient ses épreuves en nombre quelconque, d'après le procédé Taupenot, à l'aide d'appareils agencés par lui de la manière la plus ingénieuse et la mieux entendue, sur de petites glaces, au moyen de multiplicateurs placés à l'extrémité de la chambre. Ces images, découpées ensuite en petits carrés de trois millimètres, sont collées à l'extrémité d'un prisme dont on passe à la cuvette l'extrémité opposée à l'image, de manière à lui donner la courbure voulue pour que le prisme devienne une lentille grossissante; puis on arrondit à la meule lapidaire les bords de l'épreuve et les arêtes latérales du prisme, de manière à lui donner des dimensions assez minimes pour qu'il s'adapte aux bijoux les plus délicats.

Mettre dans le chaton d'une bague un microscope photographique de moins d'un millimètre de diamètre, qui montre dix-huit portraits de défenseurs de l'Italie, c'est déjà merveilleux, et on comprend, comme le constatent des correspondances de Rome publiées par les journaux français, que les patriotes italiens habitant les pays encore soumis à un régime qui leur est odieux aient pu demander par milliers un bijou qui leur montrait réunis les traits des héroïques conquérants de la liberté italienne. M. Dagron ne se borne pas là : il prend un prisme de crown quadrangulaire, colle une épreuve à chaque extrémité, et passant ensuite chacune de ses extrémités à la cuvette, il en transforme la surface plane en surface courbe d'un rayon voulu, servant de lentille pour voir l'épreuve opposée agrandie, tandis que celle qui se trouve placée près de l'œil est trop petite pour être aperçue. On peut ainsi avoir constamment à sa disposition l'almanach le plus commode; un des semestres est placé à une des extrémités, le second occupe l'autre, en tout plus de six mille lettres, rendues très-nettement lisibles par le grossissement, et contenues dans un microscope qui est microscopique lui-même.

En faisant de ces procédés une application à la bijouterie courante, M. Dagron a créé une industrie considérable; il n'emploie pas moins de cent cinquante ouvriers dans ses ateliers, où fonctionnent des appareils et un outillage qu'il a dû inventer ou modifier d'une manière presque complète. Ces microscopes photographiques se montent en bagues, en bijoux, en bracelets, en broches, en breloques, en porte-crayons, etc. On peut ainsi porter sur soi, dans un seul chaton de bague ou à l'épingle de sa cravate, le portrait de tous ceux qu'on aime, à côté de l'image des lieux auxquels se rattachent nos plus doux souvenirs. Un étui de quelques pouces peut renfermer, comme dans les cases d'un musée lilliputien, la reproduction la plus fidèle des chefs-d'œuvre les plus aimés.

A l'Exposition de la photographie de 1861, le public se pressait autour des bijoux de M. Dagron, et cette curiosité, si justifiée quand l'art et la science se réunissent pour résoudre de tels problèmes, était encore surexcitée par le témoignage de toute la presse, qui s'empressait de prodiguer ses éloges et de populariser l'œuvre de l'ingénieux photographe.

Malgré les efforts de la contrefaçon contre laquelle il lutte, le développement de son industrie a forcé M. Dagron de transporter ses importants ateliers rue Neuve-des-Bons-Enfants, ses luxueux salons de la rue Neuve-des-Petits-Champs étant consacrés aux portraits et à la réception des illustres personnages qu'attire journellement la réputation de l'artiste.

DALEMAGNE (Léon). SILICATISATION DES ÉDIFICES PUBLICS ET PRIVÉS, rue de Seine, 43. — La silicatisatisation a pour but et pour résultat de rendre les matériaux calcaires insensibles aux outrages de notre climat. C'est une découverte d'un grand prix pour les architectes, pour les sculpteurs, pour les propriétaires, pour l'Etat, et pour tout appréciateur des monuments historiques. Bien que les effets de notre climat sur les édifices et les sculptures en pierre calcaire soient mieux connus que son mode d'action, il est évident que les variations de température, que les alternatives de sécheresse et d'humidité, que la pluie, que la gelée sont au premier rang de ses moyens de destruction. Cependant, chose inexpliquée, il arrive souvent que les parties d'un édifice attaquées les premières sont celles que les corniches et les entablements protégent contre l'action directe de la pluie : témoin l'arc de triomphe de l'Etoile. Peut-être ces abris favorisent-ils le développement de ces infimes cryptogames qui dévorent un bloc de pierre plus lentement, mais aussi sûrement que les insectes nécrophages dévorent un bloc de chair, et qui font du terreau avec les Louvres et les basiliques comme avec les montagnes primitives. Détail peu connu! une araignée microscopique prend une part active, quoique indirecte à cette œuvre de destruction. Cet atome animé se loge dans les pores de la pierre, demeure pour lui spacieuse, il y tend sa toile où l'humidité atmosphérique se fixe en même temps que la proie s'y prend, et à la faveur de cette humidité les lichens se développent. Ces causes aidant, le moment vient où tout édifice public ou privé a besoin d'être réparé. Les Parisiens ont eu dans l'ancien Louvre un exemple de ce que peut le temps sur un monument qu'on lui abandonne. On y voyait des pierres qui n'ayant rien à supporter semblaient s'être affaissées sous un poids écrasant ; quelques-unes étaient pour ainsi dire pourries ; un grand nombre étaient creusées de sillons sinueux qui jouaient les vermiculures à s'y méprendre. Une dégradation analogue, quoique moins avancée, a nécessité la réparation de l'Institut. Toutes les cathédrales, tous les anciens édifices subissent ou réclament le même traitement. Bien plus, les moins anciennes constructions du Paris nouveau sont déjà attaquées ; l'ulcère s'est déjà mis au-dessous de toutes les saillies, au-dessus de tous les soubassements.

Quand la poussière, quand la pluie, quand les lichens, quand les toiles d'araignée étendues sur un édifice lui ont donné un aspect sordide, on songe à le nettoyer ; le regrattage fait principalement les frais de cette opération. Malheureusement, en grattant une pierre depuis longtemps exposée à l'air, on met à nu des parties délicates, sensibles et qui ont besoin de protection ; c'est ce qu'on va comprendre. Les pierres calcaires, non toutes, mais les meilleures, se revêtent spontanément, au contact de l'air, d'une écorce plus ou moins dure, assez résistante sinon pour les rendre tout à fait insensibles aux outrages du temps, du moins pour amortir leur susceptibilité. Enlever cette écorce, c'est faire ce que fait le laboureur quand il ouvre le sein durci de la terre pour l'exposer aux influences atmosphériques ; c'est préparer aux cryptogames, aux lichens un champ fraîchement remué. Cette manière d'embellir les édifices a donc pour résultat inévitable d'altérer leur santé. Cela posé, l'intérêt de la silicatisation se comprend. Appliquée aux édifices nouveaux, elle prolonge indéfiniment pour eux la période de leur jeunesse ; appliquée aux édifices qu'on restaure, elle rend inutile toute restauration ultérieure en dotant les matériaux mis à nu d'une résistance supérieure à celle que le grattage leur a fait perdre. Cette méthode est d'un grand prix, aujourd'hui surtout que l'importance des travaux qui se font à Paris et l'appauvrissement des anciennes carrières a contraint de recourir à des bancs nouveaux, qui, autant qu'on en peut juger, sont loin d'être tous de premier choix et dont les propriétés ne seront bien connues qu'à la longue.

Chacun sait que toutes les pierres calcaires ne sont pas douées d'un égal degré de résistance aux influences atmosphériques. Nous parlions tout à l'heure de ces vermiculures sculptées par le temps ; ces jeux du temps démontrent que la résistance d'une pierre n'est pas la même dans toutes ses parties. Si l'on cherche la cause de ce fait, on trouve que ce qui dure doit son inaltérabilité à la présence de la silice ; les parties calcaires se détériorent, les veines siliceuses restent intactes ; aussi n'emploierait-on que des pierres siliceuses si elles étaient plus abondantes. Eh bien ! la silicatisation a précisément pour but, son nom l'indique, de donner à toute pierre calcaire la quantité de silice dont elle a besoin pour devenir inaltérable.

Par qui cette méthode a-t-elle été inventée ? Il est rare que le même homme découvre les principes scientifiques d'un art nouveau, et conduise cet art jusqu'à l'état pratique. Il y a eu ici, comme cela arrive le plus souvent, deux inventeurs successifs : un théoricien et un praticien ; le théoricien est un chimiste célèbre, Fuchs de Munich ; le praticien est M. Léon Dalemagne. Fuchs est l'inventeur du *Wasserglass* nommé par M. Dumas *verre soluble*, et qui est un silicate alcalin soluble. Avant Fuchs on ne connaissait que deux combinaisons de la silice avec la potasse et la soude : la liqueur des cailloux et le verre commun. La première, soluble dans l'eau et altérable à l'air ; la seconde insoluble et inaltérable : le *Wasserglass* est soluble dans l'eau comme la liqueur des cailloux, et inaltérable à l'air comme le verre. Fuchs, qui le découvrit en 1820, a pressenti la plupart de ses applications, mais il s'attacha surtout à deux d'entre elles. D'abord il fit ressortir l'utilité de cette substance pour rendre incombustibles les matières aisément inflammables. Il proposa d'en recouvrir les boiseries, et d'en imprégner les toiles des décors, expérience qui fut faite au théâtre de Munich en 1823. La seconde application concerne l'usage du verre soluble dans la *stéréochromie* ou peinture sur pierre, sur laquelle nous reviendrons plus loin. L'idée d'employer les silicates pour la conservation des monuments paraît avoir été émise pour la première fois par un chimiste français, M. Kuhlmann, dans un mémoire publié en 1847. L'idée était pleine d'avenir et c'est un mérite que de l'avoir eue, mais la découverte des moyens d'exécution était réservée à M. Dalemagne. Le passage suivant du mémoire de M. Kuhlmann montrera comment il entendait la silicatisation : « Ma méthode de transformer les calcaires tendres en calcaires siliceux me paraît, écrivait-il, une conquête précieuse pour l'art de bâtir. Des ornements inaltérables à l'humidité, d'une grande dureté au moins à leur surface, pourront être obtenus à des prix peu élevés, et dans beaucoup de cas un badigeonnage fait avec une dissolution de silicate de potasse pourra servir à préserver d'une altération ultérieure d'anciens monuments construits en mortier et en calcaire tendre ; le même badigeonnage pourra devenir d'une application générale dans les contrées où, comme en Champagne, la craie forme presque l'unique matière applicable aux constructions. » Il s'agissait donc d'employer les silicates sous forme de *badigeon*, c'est-à-dire en couches plus ou moins épaisses appliquées à la surface des pierres ; or, un badigeon ne faisant pas corps avec la pierre prend à l'air un retrait plus ou moins sensible, travaille, se feuillète, et ne tarde pas à tomber par morceaux. On peut juger de la valeur de cette méthode par l'essai déplorable qui en a été fait aux quatre statues du pont des Saints-Pères, qui, recouvertes d'une espèce de peinture siliceuse, après avoir été silicatisées, semblent faites d'un plâtre hétérogène et mal gâché.

M. Dalemagne, dès son entrée dans la carrière (en 1851), comprit l'opération tout autrement. Pour lui, la silicatisation consiste non à déposer une couche de silicate à la surface des pierres que cette couche empâte, et dont elle ne tarde pas à se détacher çà et là, mais à faire pénétrer le silicate dans leur intérieur, à l'incorporer à leur substance, en un mot à leur communiquer une nature siliceuse. Que les artistes comparent la fontaine des Innocents traitée selon cette méthode avec les statues des Saints-Pères, et qu'ils prononcent entre les deux procédés ! Raconter par quelle suite d'efforts M. Léon Dalemagne réussit à résoudre le problème qu'il s'était posé nous entraînerait trop loin. Que de questions étaient à résoudre ! les pierres se prêteraient-elles à l'absorption des silicates ? dans quel état cette substance devait-elle être pour être absorbée ? ne faudrait-il pas modifier l'opération suivant les différentes sortes de pierres ? la porosité des pierres ne serait-elle pas obstruée de manière à créer, à l'intérieur des matériaux, des causes de désorganisation plus graves que celles qui les attaquent à l'extérieur ? . . . Toutes ces questions et bien d'autres ouvraient un vaste champ d'études absolument inexploré. Quand M. Dalemagne crut les avoir résolues, il alla vers M. Mérimée président de la commission des monuments historiques, celui-ci le renvoya à M. Viollet-le-Duc qui d'accord avec M. Lassus, l'autorisa à faire quelques applications. Des morceaux de pierres tant neuves que vieilles furent silicatés sous les yeux de ces architectes éminents et exposés ensuite pendant un hiver entier à toutes les intempéries de l'air dans un chantier humide. L'effet de ce premier essai ayant paru satisfaisant, des travaux plus sérieux furent faits aux frais de l'inventeur dans l'automne de 1852. Plusieurs contre-forts de l'église Notre-Dame exposés à l'ouest et dans les conditions les plus défavorables furent silicates ; l'hiver qui suivit se chargea de rendre l'expérience plus décisive encore, il fut froid et pluvieux. Quant au résultat on le trouvera authentiquement constaté dans cet extrait du Rapport adressé à M. Léon Dalemagne, le 2 mai 1853, par MM. Viollet-le-Duc et Lassus : « Vous nous avez demandé de vous remettre une note au sujet des essais de *Silicatisation* de la pierre de taille dure et tendre que vous avez faits à la cathédrale de Paris. Nous nous empressons de vous adresser un Rapport très-favorable sur l'emploi de votre procédé.

« Nous devons constater :

« 1° Que les imbibitions de silice faites sur les terrasses et contre-forts du chœur, au mois d'octobre dernier, ont préservé les pierres imbibées des mousses vertes qui s'attachent aux pierres placées dans les parties humides ;

« 2° Que les chéneaux et dallages en pierre dure, soumis à votre procédé, présentent des surfaces sèches, lisses, recouvertes d'une *patine siliceuse* qui semble devoir faire disparaître toute cause de décomposition ;

« 3° Que sur ces pierres la poussière, les toiles d'araignée s'attachent beaucoup moins que sur les pierres laissées dans leur état naturel ;

« 4° Que les pierres tendres (banc royal de Méry) ont acquis, par suite de la *Silicatisation* une dureté plus grande ; que ces pierres ont perdu en partie leur porosité, et qu'elles se sont couvertes d'une croûte d'une belle couleur, sans que la silice ait en rien modifié l'apparence de la taille des parements ;

« 5° Que ces pierres dures ou tendres, après avoir été mouillées, sèchent plus rapidement que celles non soumises à l'imbibition, et qu'elles présentent au soleil des surfaces nettes, fermes, un peu brillantes, ainsi que les pierres calcaires siliceuses, reconnues comme étant celles qui résistent le plus à l'action de l'air et de l'humidité ;

« 6° Que l'emploi de votre liquide ne forme d'ailleurs aucun obstacle à l'évaporation de l'humidité contenue dans la pierre, les pores de cette pierre restant ouverts, mais présentant seulement une contexture plus sèche, plus âpre et plus ferme.

« L'hiver qui vient de s'écouler pouvant être compté parmi les plus humides, les essais que vous avez faits à Notre-Dame de Paris sont donc assez positifs pour que nous croyions devoir proposer à l'administration l'emploi de votre procédé sur une partie notable des matériaux calcaires que nous avons posés et que nous poserons, ainsi que sur des parements anciens, déjà décomposés, ne doutant pas que les imbibitions bien faites arrêteront la décomposition au point où elle est arrivée aujourd'hui.

« En outre, les échantillons de pierre vieille ou neuve, que vous avez imbibés depuis deux ans et que nous avons laissés à l'air dans les plus mauvaises conditions, ont présenté des résultats assez satisfaisants pour que nous soyons certains des effets produits par votre procédé, et pour que nous n'hésitions pas à l'employer pour assurer la durée des pierres qui se trouvent à l'extérieur dans des conditions défavorables. »

A la suite de ce rapport, un grand nombre de travaux ont été exécutés par M. Léon Dalemagne tant sur des édifices publics que sur des édifices particuliers. Nous citerons les suivants : *Monuments religieux*. Notre-Dame de Paris. Cathédrales de Chartres, de Lisieux, d'Amiens, de Bordeaux, de Rouen, de Périgueux ; église impériale de Saint-Denis, Eglise russe, chapelles de Louis XVI à Paris et des Chartreux à Lyon. *Palais impériaux*. Palais du Louvre, de Versailles, de Saint-Cloud, du Luxembourg, de Fontainebleau, de Saint-Germain en Laye. *Edifices publics*. Palais de l'Institut, Ecole des beaux-arts, Ecole de pharmacie, Conservatoire des arts-et-métiers, Palais de Justice de Caen et de Rouen, hôtel de ville de Lyon, musée archéologique de la même ville. Musée égyptien du Louvre, hôtel de la présidence de Rouen. — Ajoutons l'arc de triomphe de l'Etoile, la fontaine des Innocents et la fontaine Gaillon. *Habitations particulières*. Château de Saint-Aignan (près Blois). Maison de M. Pigeory, architecte, Villa Rothschild à Boulogne, château de Ferrières. — Parmi les travaux exécutés en Angleterre par M. Dalemagne nous devons citer : la chapelle Henri VII ; le nouveau palais du parlement, et l'abbaye de Westminster. — Ces travaux ont donné lieu à divers rapports de MM. Félix Duban, César Daly, Caillat, Lance, etc. qui tous sont venus appuyer les déclarations de MM. Viollet-le-Duc et Lassus. — Nous ne devons pas omettre de signaler la modicité de la dépense nécessaire pour obtenir un résultat aussi grand que la conservation des monuments. Si l'opération se fait au moment même de la construction et sur les matériaux neufs, la dépense ne saurait dépasser 2 à 3 pour 100 des frais d'établissement, même pour les constructions les plus chargées d'ornements. S'il s'agit de vieilles constructions, la dépense peut s'élever jusqu'à 5 et 6 pour 100 parce que la silicatisation doit alors être précédée d'un nettoyage bien fait. Une fois le monument restauré, les frais d'entretien si lourds aujourd'hui se réduisent à un simple lavage fait à de longs intervalles.

Les travaux de M. Dalemagne ne se bornent pas à ce que nous venons d'en rapporter, il a voulu ajouter à son œuvre tous les accessoires propres à la compléter. Ainsi en 1858 il produisait son acide *phosphosilicique* destiné à empêcher l'entraînement de la silice dans les cas où des pluies abondantes et continues survenant après la silicatisation menacent d'en diminuer l'efficacité. En 1860 il faisait faire à Saint-Denis, pour la restauration de la statue de Charles-Martel, l'emploi de son *scellement siliceux*, matière plastique destinée à souder fortement les parties cassées et même à remplacer tout à fait les parties manquantes des monuments de l'art, sans que ces réparations laissent de traces apparentes. A la fin de 1861 il préparait une *peinture* minérale offrant une grande résistance à la chaleur, et dont l'application a été faite tout récemment avec succès au Palais législatif pour la coloration en blanc des réflecteurs du nouvel éclairage appliqué à la salle des séances. Il faut noter en outre que M. Léon Dalemagne a été le premier en France (en juin 1852) à fabriquer en grand le silicate de potasse, substance jusque-là inconnue dans le commerce. Enfin M. Dalemagne a publié récemment, dans le but d'être utile aux artistes, la traduction du Mémoire de Fuchs sur la peinture stéréochromique dont il convient de dire quelques mots. La stéréochromie est un cas particulier de la silicatisation, c'est la silicatisation appliquée à la peinture monumentale. Le verre soluble sert ici à lier les couleurs et les fonds. Ni la pluie, ni la gelée, ni l'action directe des rayons solaires, ni les changements les plus brusques de température, ni même les vapeurs acides n'ont d'action sur une peinture de ce genre. Quelques exemples empruntés à la brochure de M. Léon Dalemagne vont mettre hors de doute ces assertions invraisemblables. Un petit tableau stéréochromique fut placé à Berlin sur le toit du musée royal près d'une cheminée qui versait sur lui l'épaisse fumée d'un feu de houille. Il y passa l'hiver ; débarrassé au printemps, par un lavage à l'esprit de vin, de la crasse qui l'empâtait, il reparut dans toute sa beauté première. Sur un mur situé près du lac de Staremberg, et dont la construction remontait à vingt ans, M. Zimmermann peignit deux tableaux religieux ; le vent d'ouest venant du lac lance contre ce mur des torrents de pluie ; souvent des croûtes de glace s'y forment en hiver : cependant après six années d'expérience, les tableaux étaient aussi frais que le premier jour. On voit que la peinture murale est devenue possible sous toutes les latitudes. Ce sont des artistes prussiens MM. Kaulbach et Echter qui ont été les premiers à user des ressources de la stéréochromie. En faisant connaître la stéréochromie en France M. Dalemagne a acquis des titres à la reconnaissance des artistes. Il se propose de faire passer successivement dans notre langue tout ce que Fuchs a écrit sur le Vasserglass. Le zèle avec lequel il s'attache à tirer cet éminent chimiste de l'oubli involontaire ou calculé dans lequel plusieurs de nos concitoyens ont essayé de le reléguer, mérite l'approbation de tous les gens de bien. Dans son empressement à faire rendre à Fuchs le tribut d'éloges auquel il a droit, M. Léon Dalemagne n'a même pas toujours été juste envers lui-même; se borner comme il l'a fait constamment à réclamer le mérite « d'avoir traduit en fait industriel les indications scientifiques de Fuchs, » c'est trop restreindre ses prétentions; le chimiste bavarois n'avait jamais songé qu'à appliquer le silicate à la surface des objets à préserver, l'idée de l'infuser dans les matériaux calcaires appartient exclusivement à M. Léon Dalemagne; et cette idée est toute la silicatisation. — On consultera avec fruit la *Note sur la silicatisation appliquée à la conservation des monuments* que M. Léon Dalemagne a insérée en tête de sa traduction de *la stéréochromie* (chez Bance) et l'excellent travail de M. Dujardin d'Hardivilliers inséré dans le *Bulletin de l'académie nationale* (1862.) Nous avons fait à ce travail divers emprunts qui portent tous d'ailleurs sur des faits à notre connaissance personnelle.

DARRAS-HEUMANN, Fabricant de registres, rue des Fossés-Montmartre, 15. — Les produits de cette maison jouissent d'une réputation qui ne fait qu'augmenter. Ce résultat est dû aux perfectionnements apportés à la fabrication de ses registres et à la variété des modèles de ses cartes d'échantillons, recherchés spécialement par MM. les commissionnaires, exportateurs en draperies, soieries, etc.

DEHAYNIN (Félix), Fabrication de charbons agglomérés, rue d'Hauteville, 58. — La transformation de la houille menue en charbons agglomérés ou briquettes se fait au moyen d'une machine inventée par M. Evrard, ingénieur des mines de la Chazotte à Saint-Etienne, et perfectionnée par M. Dehaynin. Après avoir acheté les brevets de M. Evrard pour l'Angleterre, la Belgique et une partie de la France, M. Dehaynin fit construire et fonctionner la machine, lui apporta des changements notables, supprima les engrenages et les courroies, appliqua directement la force motrice, modifications qui eurent pour effet de donner à l'appareil une solidité à toute épreuve et d'en accroître considérablement la force productive. Le poids total de la machine est de 65 000 kilog., la force motrice de 80 chevaux. Elle travaille jour et nuit et produit 10 000 kilog. à l'heure, la compression est de 110 kilog. par centimètre carré. Ceci posé, voici en quoi consiste la fabrication qui nous occupe. Les menus charbons qu'on veut agglomérer sont d'abord soumis au criblage, au broyage et au lavage, puis mélangés dans une certaine proportion avec du brai et du goudron. Ensuite on chauffe le mélange et en même temps on le comprime considérablement à l'aide de la machine susdite. L'addition du brai et du goudron ne produit pas seulement l'agglomération, elle a en outre l'avantage de faire entrer dans la composition du combustible un carbone très-riche et très-pur. Le poids spécifique des briquettes est de 1 kilog. 36 cent. par décim. cube, tandis que celui de la houille compacte n'est que de 1 kil. 32. La puissance calorifique de ces briquettes est de 7 362 calories, suivant les expériences de M. Commines de Marsilly, ingénieur à Amiens, et celle du gros charbon est de 7 200 calories. Cette densité unie à ce pouvoir calorifique fait comprendre les services considérables que les briquettes peuvent rendre aux compagnies de chemins de fer, aux sociétés charbonnières et à l'industrie en général. Pour les mines de charbon, la fabrication des briquettes écoule la moyenne partie des menus tirés en si grande abondance des puits d'extraction. Ces menus encombraient le plancher des fosses, et empêchaient le développement des houillères. Le lavage du menu a pour effet d'enlever du charbon les pierres et les schistes, et par suite ne laisse plus dans la briquette que 6 à 7 p. 0/0 de cendres, tandis que le charbon tout venant donne 10 à 15 p. 0/0. La construction des chemins de fer depuis des années ayant pris une grande extension, il a fallu trouver, dans un très-court laps de temps, un combustible de bonne qualité pour alimenter les locomotives. Le prix du coke, seul combustible employé primitivement, ayant subi une hausse de 40 p. 0/0, les compagnies s'en inquiétaient au point de vue de la traction. Le gros charbon fut alors employé avec succès pour les trains de marchandises, mais la consommation continuant à s'accroître, la grosse houille devint également d'un prix trop élevé. La briquette a résolu une partie du problème du combustible à bon marché; le gros charbon vaut encore, pris aux mines, 22 à 23 fr. et donne 10 p. 0/0 de déchet. Le bon coke vaut le même prix, tandis que la briquette, donnant le même pouvoir calorifique que la grosse houille, est vendue 16 fr. les 1 000 kilogrammes, soit une différence de 30 à 35 p. 0/0. De plus la briquette présente l'avantage de ne donner aucun déchet et est d'un arrimage très-facile. M. Félix Dehaynin emploie journellement cinq cents ouvriers dans deux usines où fonctionnent cinq à six machines à vapeur présentant un total de 130 à 150 chevaux; la production totale de l'année dernière a été de 160 000 tonnes.

DELACOUR (F.), Fabricant d'armes blanches, rue des Trois-Pavillons, 7. — Le brevet de fournisseur de S. M. l'Empereur a été accordé à M. Delacour comme récompense des nombreux modèles qu'il a créés pour l'armée, l'administration et la diplomatie. La médaille d'honneur lui a été décernée à l'exposition universelle de 1855, par le jury international, à la suite d'un rapport, n° 4152, dont voici l'extrait :

« Cet exposant se livre exclusivement au montage et « au garnissage des armes blanches; il compose et dessine lui-même ses modèles, qu'il exécute ensuite en « véritable artiste. Tous ses articles sont remarquables « par la grâce, le bon goût et le fini des pièces. » Admis à l'Exposition de 1862, M. Delacour y exposa de belles épées d'honneur, de beaux sabres avec personnages allégoriques, un sabre de rajah enrichi de pierreries, un sabre turc en argent ciselé et ivoire sculpté; des glaives et couteaux de chasse en acier, remarquables par la richesse de leurs ciselures; un sabre en aluminium, dont le métal ne pèse que 240 grammes. Ce fabricant qui tient la tête de son industrie est l'inventeur de l'écran store pare-étincelles. Cet appareil, qui ne fait point perdre de calorique, s'adapte avec facilité à toutes les cheminées et préserve complétement des accidents du feu. M. Delacour est pour cet écran fournisseur breveté de S. A. I. la princesse Mathilde, de la cour et des ministères.

DESFONTAINES, LEROY et fils, Horlogers, Palais-Royal, galerie Montpensier, 13 et 15. — Cette maison, une des plus anciennes et des plus renommées de France, est brevetée pour diverses inventions, fournit des souverains et a obtenu depuis 1785 un grand nombre de médailles aux Expositions nationales; elle a été également récompensée à l'Exposition de Londres en 1851.

DEVINCK, Fabricant de chocolat, rue Saint-Honoré, 175. — Deux médailles de 1re classe à l'Exposition universelle de 1855 pour machines à fabriquer le chocolat et pour la bonne qualité des produits. Copie textuelle des conclusions du *Rapport du jury international* de 1855 : « Fabrication importante et croissante, perfectionnée par des moyens nouveaux; matières premières; sucres raffinés et cacaos parfaitement triés et torréfiés; excellente et constante qualité des produits; bon marché relatif; puissance mécanique développée à l'aide de la vapeur; emploi exclusif de cylindres, cônes, meules et plates-formes en granit; perfectionnements remarquables dans le moulage des tablettes; réputation commerciale de premier ordre. » — La maison Devinck a exposé les machines suivantes en 1862 : 1° Machine à peser et mouler le chocolat. — Elle réalise les conditions importantes d'une fabrication prompte, régulière, économique; elle fait tous les mouvements que la main de l'ouvrier serait obligée de faire, et qui sont au nombre de douze pour chaque opération. Elle a, en outre, l'avantage de dresser le chocolat à une très-basse température, ce qu'il est impossible de faire à la main. 2° Machine à envelopper, cacheter et empiler le chocolat. — Elle reproduit tous les mouvements que devraient faire les doigts de la main d'une personne; ils sont au nombre de trente et un pour chaque opération. Elle fonctionne plus régulièrement, plus proprement et plus promptement que ne pourraient le faire plusieurs ouvrières. Elle a été imaginée par le contre-maître de l'établissement, M. Armand Daupley, qui a déjà reçu une médaille de contre-maître.

DUCEL (J. J.), et fils. Maîtres de forges, rue du Faubourg-Poissonnière, 26. Machines de forges, hauts fourneaux et fonderie à Pocé (Indre-et-Loire). — Fontes de fer pour bâtiments, écuries, sellerie, jardins, parcs, promenades, fontaines, statues, candélabres, vases, etc. pour les édifices religieux, autels, chemins de la croix, christ, vierges, etc.

DUPLAN et **SALLES**. Fabrique de bronzes d'art et d'ameublements, rue de Bondy, 32, boulevard Saint-Martin. — MM. Duplan et Salles viennent de joindre aux bronzes d'art d'après Pradier, Paul Gayrard et autres artistes de mérite, qui leur valurent leurs dernières récompenses, une collection de portraits de chevaux de courses célèbres, qui offre le plus grand intérêt aux amateurs du sport; ces productions sont dues au ciseau si fidèle et si habile dans la sculpture hippique de M. Lenordez. Cette collection contient déjà entre autres portraits ceux de : *Kettledrum*, par *Rataplan*, né de *Hybla*, vainqueur du Derby de 1861, propriété du colonel Thorneley; — *Orlando*, vainqueur du Derby de 1844, par *Touchstone*, né de Vulture, par *Langar Sir of Teddington*, vainqueur du Derby, en 1851; Fitz Roland et Diophantus; — *Saint Albans*, vainqueur du Duncaster, Saint-Léger, *Cheser-Cup*, etc. par *Stockwell* de *Bribery*, par *the Libel*; — *Catherine Hayes* et son poulain, vainqueur des *Oak* à Epsom, en 1853, par *Lanercoste*, mère *Constance*, par *Partisan* et le poulain né en 1858, par *Irish Birdcatcher*; — *Flying Dutchman*, né en 1846 de *Bay-Midleton* et *Barbelle* (mère de *Vontromp*), vainqueur, en 1849, du Derby et du Saint-Léger; en 1850, de la coupe donnée par l'empereur de Russie; en 1851, il a gagné le grand prix de 1,000 souverains, battant *Voltigeur*; — *Monarque*, né en 1852, par *the Baron*, *the Emperor* ou *Sting Poetess*, par *Royal Oak*, vainqueur de vingt et un prix, entre autres les prix du jockey-club, le grand Saint Léger, en en France, le *Good Wood Cup*, en Angleterre, et la grande médaille d'or au concours agricole de 1860; — *Royal guand même*, étalon au haras de Saint-Lô; — *Saucebox*, étalon au haras de Libourne; *Minerve*, jument de chasse, *Henriette Dimsdal*, étalon et poulinière (groupe); *Arabian*; — *Rémus*, *Pilgrim*, *Merlin*, du haras de M. A. Fould. — Cette spécialité n'a pas fait négliger à MM. Duplan et Salles d'enrichir de nouveaux modèles leur collection de bronzes d'art et d'ameublement; ils ont même su donner un très-grand développement à leur fabrication de pendules de voyage. Médailles de bronze aux Expositions de New-York en 1853 et 1854. Médailles de 2e classe, Paris 1855.

DUPUIS (Sylvain) et Cie, Compagnie générale des chaussures a vis, rue Paradis-Poissonnière, 14. — Chaussures à vis faites par des procédés mécaniques, supprimant entièrement la couture qui joint la semelle à l'empeigne. Par ce nouveau système, l'empeigne est fortement comprimée entre deux semelles, une intérieure et une extérieure. La pression équivaut au poids de trois cents kilogrammes à l'endroit où la vis est introduite, ce qui rend cette chaussure imperméable et lui assure une durée beaucoup plus longue, puisque le consommateur peut user toute l'épaisseur de la semelle sans qu'elle se détache, retenue qu'elle est par les filets de la vis qui, faisant rivure, ne forment qu'un seul et même corps avec le cuir et s'usent avec lui. La maison Sylvain Dupuis et Cie, qui a pris le titre de *Compagnie générale des chaussures à vis*, est, dans cette spécialité, arrivée à un degré de perfectionnement très-remarquable. Son organisation est complète, chaque spécialité de travail y est bien tranchée, un moteur de douze à quinze chevaux fait fonctionner un outillage considérable de machines très-ingénieuses, dû au talent de M. Duméry, ingénieur civil distingué. Le personnel employé à l'intérieur seulement est de trois cents individus environ et de deux cents à l'extérieur. Les produits de cette importante maison, dont le chiffre atteint près de deux millions par an, s'écoulent principalement en France et en Angleterre dans des magasins créés *ad hoc*, et depuis quelque temps à l'exportation où, reconnus supérieurs, ils obtiennent un grand succès. Les avantages de la chaussure à vis ont déjà été constatés officiellement dans trois circonstances solennelles : en 1849, à l'Exposition nationale des produits de l'industrie, par une médaille d'or; en 1851, à Londres, par une prize medal; en 1855, à Paris, lors de l'Exposition universelle, par une médaille de première classe.

DUVILLERS (F.), Architecte paysagiste, dessinateur de parcs et jardins, Avenue de Saxe, 15. — Auteur des *Jardins par eux-mêmes*, ouvrage gravé sur acier, avec texte et plans en chromolithographie, et de divers autres ouvrages sur les jardins et sur l'Algérie. Médaille de bronze, 1849; médaille de 2e classe à l'Exposition universelle de 1855; 18 autres médailles de diverses Sociétés savantes.

ÉGROT, Constructeur, rue du Faubourg-Saint-Martin, 272. — Cette maison, fondée en 1780, s'occupe spécialement de la construction des appareils d'un travail soigné et solide, tels que les appareils à concentrer et à distiller dans le vide, et particulièrement des appareils à distiller et de l'installation des distilleries. Ses produits ont été primés de plusieurs médailles. M. Égrot s'est fait breveter en France et à l'étranger pour plusieurs appareils, et notamment pour son appareil à distiller, qui a été admis à l'Exposition universelle de 1852 comme jouissant déjà, quoique nouveau, d'une grande réputation. Quatre-vingt douze appareils de ce système ont été livrés à l'industrie. Ses principaux avantages sont de distiller promptement les matières fermentées sur un volume relativement plus petit, ce qui présente économie de combustible; qualité de produit, facilité d'installation et de transport. L'appareil exposé par ce constructeur, en 1862, peut distiller de continu des matières liquides et semi-fluides sans crainte d'engorgement. Il est chauffé par la vapeur, qui est d'abord introduite à l'aide d'un robinet régulateur dans le double fond, puis répartie dans le premier plateau par tous les bouilleurs dont il est composé. C'est à la répartition, par ces bouilleurs, de la vapeur formée dans chaque plateau et à la grande circulation des matières sur lesdits plateaux qu'est dû le principe nouveau de cet appareil, et aussi les avantages qu'il présente. Le produit en alcool peut varier suivant le produit distillé, et à la volonté du distillateur, de 50 à 90 degrés. M. Égrot fabrique, en outre : L'appareil portatif, formé de son système modifié et appliqué sur une charrette, avec fourneau, réservoir à vins et pompe; l'alambic simple, avec ou sans chauffe-vin, composé de la chaudière en fort cuivre, du chapiteau vérificateur et du serpentin en étain pur, placé dans sa bâche. Comme renseignements sur les appareils, s'adresser à M. A. de Respaldiera, propriétaire et commissionnaire, rue de la Ferme-des-Mathurins, 56, à Paris.

FREY Fils, Ingénieur mécanicien, impasse Saint-Laurent, 23, Paris-Belleville. — M. Frey construit des scies de toutes dimensions, fixes ou locomobiles; machines à vapeur fixes ou locomobiles; matériel pour entrepreneurs de chemins de fer; grues locomobiles; dragues à terrassement; bateaux dragueurs; outils mécaniques pour la fabrication des waggons et des ressorts, scies circulaires, outils mécaniques pour la menuiserie, le parquet, les tonneaux, tours; machines à fabriquer les clous d'épingles dits pointes de Paris, et rivets. Il a exposé en 1862 une scie locomobile débitant d'une seule fois une pièce de bois, destinée à fonctionner dans les forêts. — Médailles d'argent : Paris, 1849; Metz, 1861; de bronze : Paris, 1839, 1844, 1855; Nantes, 1861. Médaille d'or, Saint-Dizier, 1860; *prize medal*, Londres, 1851.

FUMOUZE-ALBESPEYRES, Pharmacien, rue du Faubourg-Saint-Denis, 78. — Les produits spéciaux à cette maison dont le chef est président honoraire de la société des pharmaciens de Paris, sont les *épispastiques d'Albespeyres* et les *capsules Raquin*. — Les épispastiques d'Albespeyres datent de 1817. Ils ont grandi sous le bienveillant patronage du corps médical et pharmaceutique, à l'expérimentation comparative duquel l'inventeur ne cesse de faire appel. Le problème que s'était posé M. Albespeyres se résume en peu de mots : *Etablir un vésicatoire en quelques heures sans emplâtre repoussant; l'entretenir ensuite en parfaite suppuration, facilement, discrètement, sans odeur, ni douleur, sous tous les climats, dans toutes les saisons.* Le succès a dépassé les espérances de l'inventeur. Sur l'avis du conseil de santé de l'Empire français, et par ordre du ministre de la guerre, les épispastiques d'Albespeyres ont été admis dans les hôpitaux des armées actives; pendant la guerre d'Orient, ils ont été constamment employés dans les hôpitaux et les ambulances des armées alliées, et, la paix conclue, ils sont restés dans les pharmacies militaires de l'empire ottoman. Ils entrent dans tous les pays sans entraves douanières ou administratives : dès 1844 un ukase spécial leur donnait une place dans toutes les pharmacies de la Russie; on les trouve de même dans les principales pharmacies de l'Angleterre, de la Hollande, de l'Espagne, de l'Allemagne, des Amériques, etc... A leur apparition les épispastiques d'Albespeyres furent accueillis comme une invention des plus utiles par les maîtres de la science (Richerand, Marjolin, Roux, Récamier, Vauquelin, etc.); les générations modernes ne leur font pas défaut : parmi les médecins et chirurgiens qui en recommandent l'emploi nous citerons: MM. Bourdon, Aran, Hérard, Richard, de l'hôpital Saint-Antoine; Dorvault, docteur L. Ducom, Fordos, docteur Foy, J. Personne, pharmaciens en chef des hôpitaux; Pelouze de l'Institut; J.-B. Caventou, professeur à l'Ecole de pharmacie, membre de l'Académie impériale de médecine. Enfin comme toutes les inventions véritablement sérieuses, celle d'Albespeyres a fait naître de nombreuses contrefaçons que la justice a réprimées (V. *Recherches historiques sur les exutoires*, par Fumouze; chez Chamerot, libraire-éditeur, à Paris). — Un rapport approbatif de l'Académie impériale de médecine s'exprime en ces termes sur les capsules Raquin : « Elles contiennent, sous un petit volume plus de copahu que les autres capsules; supérieures à toutes les autres préparations de copahu, elles sont, en général, ingérées avec facilité; trompant les gosiers les plus difficiles, elles ne causent dans l'estomac aucune sensation désagréable et ne donnent lieu à aucun renvoi. Administrées à plus de cent malades à l'hôpital du Midi, leur efficacité n'a présenté aucune exception; les doses ont varié de 15 à 20 grammes par jour, moitié le matin à jeun, moitié une heure avant le dîner; deux flacons ont suffi dans la plupart des cas. M. Raquin, qui ne peut employer que le copahu bien pur, à l'aide de manipulations longues, délicates, exigeant beaucoup d'adresse et d'habitude, a rendu un service important à l'art de guérir, et votre commission vous propose de le remercier. — Approuvé à l'unanimité. » (V. le rapport entier qui enveloppe chaque flacon avec les traductions en anglais, allemand, espagnol et italien.)

GALANTE (H.), Instruments de chirurgie en caoutchouc, place Dauphine, 20. — Cet établissement date de l'année 1851. Il a été fondé pour l'exploitation des appareils de médecine et de chirurgie en caoutchouc vulcanisé, inventés par M. le docteur Gariel et auxquels l'Académie des sciences a décerné un prix Montyon. M. Galante, aussi actif inventeur qu'habile commerçant, ne pouvait rester longtemps simple fabricant d'articles imaginés par d'autres, aussi le voit-on dès l'année 1853 fournir un nombreux contingent d'appareils immédiatement adoptés dans la pratique médico-chirurgicale, tant en France qu'à l'étranger, et joindre à son établissement déjà considérable un atelier pour la fabrication des articles dits en gomme élastique, sondes, bougies, etc.; un atelier de bandages herniaires de toutes sortes, enfin un atelier pour la fabrication des bas, cuissards, genouillères, ceintures, etc., en fil de caoutchouc vulcanisé recouvert de tissu de coton ou de soie, etc., de telle sorte que l'établissement de M. Galante, après avoir commencé en 1851 avec deux ouvrières, en emploie aujourd'hui une centaine et compte parmi les plus importants de la capitale. Outre le prix Montyon déjà mentionné cet établissement a obtenu les distinctions suivantes : médaille de 1re classe à l'Exposition universelle de 1855; médailles d'argent aux Expositions de Toulouse, Dijon, Metz; médaille d'or (sciences) d'Ernest Ier de Saxe-Cobourg-Gotha, croix de François Ier à Naples, etc...

GAMOUNET-DEHOLLANDE. Satins pour chaussures, rue Neuve-Saint-Eustache, 8. Usine à Amiens (Somme). — Cette maison a obtenu une médaille de 1re classe en 1855 pour « sa bonne et belle fabrication. » C'est, du reste, à M. Gamounet-Dehollande qu'Amiens doit la fabrication des satins français. Ses produits se recommandent surtout par leur extrême solidité.

GANNERON (Edmond), Ingénieur civil, Exposition de machines et instruments d'agriculture, quai de Billy, 56. — Maison fondée en 1856. Charrues Dombasle, Grignon, Bodin, etc. — Défonceuses Vallerand et tous instruments de façonnage du sol; semoirs, machines à moissonner et à faucher, moteurs, moulins, appareils pour préparer la nourriture du bétail, spécialité de distilleries pour la petite culture. Ustensiles de laiterie et en général tout matériel agricole provenant des meilleures fabriques de France et d'Angleterre. Seul constructeur breveté des batteuses américaines du système Pitts Nicolaïs. Entreprise de battage, labourage à vapeur et autres à façon. — Plus de cent médailles et prix obtenus dans les concours régionaux et comices agricoles; grande médaille d'or au Concours général de Paris en 1860.

GAUTIER-BOUCHARD (Louis-Jules), Couleurs et vernis, rue du Parc-Royal, 14 et 16. — Quatre usines : à Lille (Nord), à Aubervilliers, Laplanchette et Clichy (Seine). Céruse par procédé hollandais, et aménagements nouveaux, au point de vue d'une complète innocuité; prussiate de potasse et de chaux, et bleus de Prusse, obtenus des résidus de l'épuration du gaz; minium, vermillon, carmin et laques divers; jaune de chrome, chromate de zinc, verts de toutes sortes; couleurs en pots; terres impalpables pour le décor; vernis.

GAUTROT Aîné, Facteur d'instruments de musique en cuivre et en bois, rue Saint-Louis, 60, au Marais; deuxième usine à Château-Thierry (Aisne). — La fondation de cette maison, l'une des plus importantes de l'Europe, remonte à 1827; en 1845 M. Gautrot en devint le seul chef; en 1855 il fonda l'usine de Château-Thierry. Les deux usines occupent près de 700 ouvriers employés spécialement à la fabrication des instruments de cuivre; en outre M. Gautrot fait travailler, tant à Mantes et à la Couture, qu'à Mirecourt, plus de 200 ouvriers pour la fabrication des instruments à vent, en bois, et celle des violons et articles de lutherie. M. Gautrot jouit d'une licence de M. Sax, pour la fabrication des saxotrombas, saxhorns et des instruments anciens, forme saxotromba.

GÉERINCKX, successeur de **GAUVAIN**, Arquebusier, boulevard Mont-Parnasse, 93. — Maison fondée en 1836. M. Geérinckx est resté, depuis cette époque, dans la maison comme premier ouvrier et en est devenu le propriétaire en 1856. — Fusils de chasse très-soignés, pistolets de tir d'une très-grande précision, couteaux de chasse nouveau modèle. Carabines de précision *sur commandes*. Médaille d'argent, 1844; d'or, 1849; prize medal à Londres, 1851; médaille d'honneur, 1855.

GEFFRIER, DELISLE Frères et Cie. *Compagnie des Indes*. Cachemires des Indes et de France, dentelles et guipures, rue de Richelieu 80. Fabrique à Alençon, Chantilly, Bayeux, Caen, Craponne (Haute-Loire); fabrique et maison de vente en gros à Bruxelles, 94, rue Royale — Cette maison a été fondée en 1837 pour le commerce des cachemires, et s'est maintenue exclusivement dans cette spécialité jusqu'en 1854. A cette époque, la *Compagnie des Indes* a ajouté à cette branche de commerce l'industrie des dentelles, et, en 1855, elle a obtenu à l'Exposition universelle une médaille de première classe. Sa fabrique, qui, depuis, a pris un développement considérable, était fondée depuis dix-huit mois à peine. Dans tous les centres de population où il a été donné au travail des dentelles soit une extension, soit une perfection notable, la *Compagnie des Indes* a installé un représentant, une direction active. Grâce à cette maison, des dessins remarquables et d'une école toute nouvelle ont donné un caractère artistique de l'ordre le plus élevé à cette fabrication qui, jusque-là, sauf exception, n'avait eu d'autre mérite que la perfection matérielle. Cette supériorité même de l'exécution, la *Compagnie des Indes* s'attache à la propager et à en assurer le progrès. De concert avec le maire et le Conseil municipal de Caen, elle a fondé une *Ecole municipale de dentelles*, destinée, tout en répandant et régularisant la tradition de la bonne dentelle, à moraliser l'ouvrière par l'habitude d'une sorte de discipline et l'organisation sérieuse du travail. — Cachemire des Indes. Il y a bien peu de temps encore, le commerce français était absolument tributaire des Anglais pour l'achat du cachemire des Indes. Londres monopolisait l'entrepôt de cette marchandise : nous ne l'obtenions qu'aux ventes semestrielles des importateurs de la Grande-Bretagne. La *Compagnie des Indes* a depuis plus de dix ans un agent français permanent à Kachmyr : par ce fait, nous échappons maintenant, pour un chiffre fort élevé, à l'intermédiaire étranger, qui, jusque-là, avait été chèrement imposé à notre commerce; puis l'importance des affaires de cette maison a fait à son représentant une position telle, à Kachmyr et à Umretsur, que non-seulement, il peut acquérir en toute propriété des dessins exceptionnels, dans tous les prix, mais aussi exercer une notable influence sur la perfection et surtout sur le goût de la fabrication indienne. La *Compagnie des Indes* est la première maison de sa spécialité qui ait inauguré le système des prix réellement fixes et de la marque en chiffres connus. Médaille de première classe à l'Exposition universelle de 1855.

GÉLIS (A.), Fabricant de produits chimiques, rue Meslay, 47. Fabrique et laboratoire de recherches à Villeneuve-la-Garenne près de Saint-Denis (Seine). Maison fondée en 1840. — Les principaux produits sont : 1° Le *lactate de fer, l'acide lactique et les lactates*. Le lactate de fer dont l'usage est aujourd'hui si répandu n'est employé en médecine que depuis 1839. A cette époque, MM. Gélis et Conté envoyèrent à l'Académie impériale de médecine de Paris un premier mémoire sur les propriétés remarquables de ce sel. Une commission, composée de MM. Fouquier, Bally et Bouillaud rapporteur, fut nommée: voici les conclusions de son rapport: « D'après les faits que nous venons d'avoir l'honneur de vous exposer en un résumé succinct, nous croyons, Messieurs, qu'il serait difficile de ne pas porter un jugement favorable sur la nouvelle préparation ferrugineuse proposée par MM. Gélis et Conté, et de ne pas reconnaître que les recherches cliniques permettent, dès à présent, de placer au premier rang des plus utiles préparations ferrugineuses le sel nouveau dont ils viennent, d'après un heureux et ingénieux rapprochement, d'enrichir la matière médicale. » —En dehors de l'application qui précède, M. Gélis a beaucoup contribué à faire de l'acide lactique un produit industriel, par les modifications importantes qu'il a apportées à sa préparation. Le lactate de fer, fabriqué par lui après avoir été mis en dragées et en pastilles par un procédé spécial qui préserve le sel de toute altération, est livré à M. Labélonye, pharmacien, rue Bourbon-Villeneuve, 19, à Paris, dépositaire général, qui le vend sous le nom de *Dragées* et de *Pastilles de Gélis et Conté*. Ce pharmacien vend également le sel suivant : 2° La *pyrodextrine*, produit nouveau que l'on obtient par la torréfaction de la fécule et qui sert à la coloration, en brun, des comestibles (vinaigre, bouillon etc.).

Ce produit, ainsi que les préparations dont il est la base, se vend chez M. D. Fèvre, rue Saint-Honoré, 398. Les produits suivants sont vendus directement par M. Gélis, rue Meslay, 47. 3° Le *sel d'or de Fordos et Gélis* (hyposulfite double de protoxyde d'or et de soude). Ce sel, découvert en 1845, est quelquefois appelé *sel des photographes*. Sa dissolution remplace avec avantage la liqueur de M. Fizeau dans la photographie sur plaques; elle donne également d'excellents résultats dans la photographie sur papier. Son emploi, suivant MM. Girard et Davanne est indispensable lorsqu'on veut assurer la conservation des épreuves. 4° L'*hyposulfite de soude*. 5° Le *chlorure d'or* et le *chlorure d'or et de soude*. 6° Les *sulfites, sulfures, phosphate* et *pyrophosphate de soude*, ainsi que les *phosphates employés dans la fabrication du sucre* (procédé Leplay et Cuisinier); 7° Le *phosphate acide de chaux*. M. Gélis est, en outre, breveté pour un procédé de préparation de prussiate de potasse, qui a pour point de départ le sulfure de carbone et l'ammoniaque.

GELLÉ Aîné et Cie, Parfumerie et savonnerie, rue des Vieux-Augustins, 35. Usine à vapeur à Neuilly-sur-Seine. — En 1826, MM. Gellé frères formaient un modeste établissement de parfumerie; l'excellente qualité, la finesse de leurs produits, les firent bientôt remarquer, et le laboratoire de la rue des Vieux-Augustins dut rapidement s'agrandir. Au bout de quelques années, la maison entière, occupée par les ateliers et les magasins, ne put plus suffire à leur commerce; une succursale fut établie à la Chapelle. Ce succès ne fit que stimuler leurs efforts; ils s'efforcèrent d'apporter dans la composition et la manipulation de leurs produits toutes les améliorations que leur indiquaient leur propre expérience et le progrès de l'époque. Le monde élégant recherchait leurs parfums tous les jours avec plus d'empressement. Ils songèrent à réunir dans une fabrique modèle les moyens de fabrication les plus puissants et les plus perfectionnés pour la préparation de la parfumerie, en général; et plus spécialement pour la fabrication des savons de toilette et la distillation des eaux de senteur, et ils fondèrent à Neuilly-sur-Seine leur usine à vapeur.

Construite sur un plan tout à fait nouveau, d'après des données scientifiques, l'usine de Neuilly est parfaitement appropriée à sa destination; située dans un air très-pur, près du bois de Boulogne, elle réunit les conditions d'aération et d'espace indispensables lorsqu'on manipule des substances aussi délicates que les matières grasses et les huiles essentielles destinées à la parfumerie, conditions impossibles à obtenir dans un grand centre, où l'atmosphère viciée pervertit, dénature, corrompt ou neutralise tous les principes aromatiques si subtils et si fugaces.

Pourvue d'appareils mécaniques d'une rare précision, qui permettent de faire rendre aux matières premières tous les sucs, toutes les huiles essentielles qu'elles renferment, une chaudière à vapeur de la force de vingt-cinq chevaux y communique le mouvement aux moteurs nécessaires pour la fabrication des savons, des poudres, et aux différents broyages qui doivent être exécutés.

La vapeur surchauffée est seule employée à la distillation des plantes, à la fonte des corps gras et à la fabrication des lessives de soude et de potasse destinées à saponifier des huiles et des graisses toujours de premier choix. En supprimant le feu, non-seulement on a éloigné tout danger d'incendie, mais on a évité le brûlage qui détériore tant de produits dans la fabrication ordinaire.

La fabrication des savons y est faite avec des soins tout particuliers; l'usine en produit annuellement 800,000 kilogrammes répartis en près de deux cent mille douzaines, fabriqués d'abord à chaud et à grande chaudière, puis parfumés à froid, et toujours travaillés, mis en pain et estampés à l'aide d'appareils mécaniques.

La fabrication des pommades, des crèmes, des différents cosmétiques mous, n'exige pas annuellement moins de 60,000 kilogrammes de substances grasses, et une quantité proportionnelle de parfums. L'enfleurage, la distillation des plantes et des fleurs, l'épuisement des divers corps qui contiennent les essences, les esprits, les odeurs, y sont faits par des procédés nouveaux, qui permettent de s'emparer des principes les plus volatils et de les obtenir à un degré de concentration, de pureté et de fraîcheur, auquel on n'arrive jamais par les moyens ordinaires.

Les parfums liquides emploient annuellement 50,000 litres d'alcool; c'est une des branches de la parfumerie à laquelle la maison Gellé s'est attachée d'une manière toute spéciale. Presque toutes les essences, les odeurs proprement dites, ont, en effet, l'alcool pour dissolvant, et l'on sait quelle délicatesse, quel goût infini demandent ces préparations.

Un personnel de cent vingt-cinq personnes, employés, contre-maîtres ou ouvriers, est constamment occupé. L'importance de la fabrication, l'emploi des machines, l'organisation spéciale de la maison, réalisent des économies notables, qui permettent à MM. Gellé frères de livrer leurs produits à un bon marché relatif, qui n'a pas moins contribué que leur qualité à développer leurs affaires, dont le chiffre s'élève aujourd'hui à deux millions de francs.

L'Europe et la France, en particulier, consomment la plus grande partie de leurs produits; cependant la qualité de leurs parfumeries, l'avantage, fort rare, qu'elles ont de ne pas s'altérer et de supporter les plus longs voyages, les font rechercher par l'exportation; et le soin que prennent MM. Gellé de fabriquer des parfumeries, spécialement en raison de leur destination, accroîtra rapidement les débouchés qu'elles trouvent dans les régions lointaines.

Prize medal à l'Exposition de Londres, en 1851; médaille d'honneur à l'Exposition universelle de Paris, en 1855.

GENOUX ET Cie, PAPIERS PEINTS, rue du Faubourg-Saint-Antoine, 236. — Cette maison, fondée en 1812, a obtenu en 1851, à Londres, une médaille de prix (*prize medal*), et en France, en 1855, une médaille d'argent (1re classe). Ses produits sont répandus dans le monde entier. Elle a exposé en 1862 une collection très-riche et très-variée de tentures pour appartements, plus, différents décors d'une très-grande élégance, style Louis XVI, et notamment une décoration rappelant le salon-boudoir de Marie-Antoinette au palais de Trianon (Versailles). Cette composition, toute de bon goût, est le plus gracieux et le plus important spécimen des résultats qu'a pu atteindre jusqu'à ce jour l'industrie du fabricant de papiers peints. Agents et dépôts: Londres, M. James White, 2, Red Lion Square (Holborn); à New-York, MM. Fabreguette et Morra.

GRADOS, ORNEMENTS EN ZINC ET PLOMB ESTAMPÉS ET REPOUSSÉS, rue Amelot, 64. — Il y a quelques années à peine, le zinc ne trouvait dans l'industrie qu'un emploi relativement restreint. Mal étudié, ce métal était considéré comme peu ductile, peu malléable, d'un travail difficile, et n'était guère employé qu'à l'état d'alliage. Mieux connu, il s'est prêté à toutes les exigences de la fabrication: on l'a fondu et ciselé comme le bronze; il a remplacé le plomb dans les constructions et est devenu le métal le plus employé dans l'ornementation architecturale. C'est en partie à M. Grados qu'on doit ces derniers progrès. Cet industriel sut observer que la température de 180° est la plus favorable à la malléabilité du zinc; qu'en deçà il est encore trop roide et, qu'au delà il devient friable avant la fusion. Il fit alors construire un four très-ingénieux où les feuilles de zinc sont chauffées au degré voulu. L'expérience a prouvé depuis quel développement cette application industrielle devait donner à l'emploi du zinc. Associé alors de M. Fugère, M. Grados ne songea pas à faire breveter son invention, se trouvant assez récompensé par l'extension qu'elle donnait à leur commerce. Cependant le rapport fait à son sujet à la Société d'encouragement, et qui lui valut la médaille de platine, prouve la priorité de ses droits à cette découverte, qui bientôt fut appliquée dans d'autres usines. Médaille de platine à la Société d'encouragement, médaille de 1re classe à l'Exposition universelle de 1855.

GROHÉ, FABRICANT D'ÉBÉNISTERIE. Avenue de Villars, 4. — La maison Grohé date de 1829. C'est actuellement la plus ancienne parmi les maisons d'ébénisterie dirigées par leurs fondateurs.

A l'Exposition française de 1834, elle a obtenu une mention honorable;

A celle de 1839, la première médaille d'argent;

A celle de 1844, la médaille d'or (c'est la première qui ait été accordée à l'ébénisterie);

A celle de 1849, le rappel de la médaille d'or;

A l'Exposition anglaise de 1851, elle n'a pas exposé;

A l'Exposition universelle de 1855, à Paris, elle a obtenu la médaille d'honneur.

Par les récompenses ci-dessus mentionnées, on voit que la maison Grohé n'a cessé d'être placée et de se maintenir au premier rang des maisons d'ébénisterie.

GROULT FILS, ancienne maison GROULT JEUNE, PÂTES ET FARINES, rue Sainte-Apolline 12. Usine à Vitry-sur-Seine. — « L'industrie spéciale des pâtes et farines pour potages ne date que de 1831, et est due à M. Groult jeune. » (Rapport du jury.) « Les produits de sa maison, qui sont aujourd'hui très-variés, ont amélioré sensiblement l'alimentation de la classe moyenne; la consommation pour les enfants et les convalescents en est importante. Il n'est pas une ville de France dans laquelle on ne les trouve; il s'en exporte même en Russie, en Angleterre, en Belgique, des quantités très-considérables. » (Rapport du jury.) — Médaille en 1839, 1844, 1849; deux médailles de première classe à l'Exposition universelle.

HACHE (A.-D.) ET **PEPIN-LEHALLEUR**, FABRICANTS DE PORCELAINES, à Vierzon (Cher), rue de Paradis-Poissonnière, 24. — L'usine de Vierzon comprend sept fours, dont deux à la houille, et cinq au bois, d'un diamètre de 5 mètres 70. Elle fabrique ses pâtes dans un moulin à eau d'une force de trente chevaux annexé à l'usine. Une machine à vapeur met en mouvement les tours à polir et à user les grains. Sept cent cinquante ouvriers sont employés dans l'usine. Un nombre d'ouvriers, qui varie suivant les saisons et qui peut être évalué à deux cent cinquante, est employé en outre aux exploitations de bois et aux extractions de matières premières. Quatre moufles servent à cuire les porcelaines décorées dans un atelier de quarante banquettes. La maison de Paris comprend des magasins de blanc et de décor et occupe en outre, dans divers ateliers, environ cent cinquante décorateurs et brunisseuses. Le nombre des ouvriers employés par la maison Hache et Pepin-Lehalleur peut donc être porté à environ 1,100. Un très-grand assortiment de porcelaines blanches se trouve toujours dans les magasins de l'usine de Vierzon, qui est le principal établissement de la maison A. Hache et Pepin-Lehalleur. L'usine de Vierzon, fondée en 1818 par MM. Perrot et Delvincour, est exploitée, depuis 1845, par MM. Adolphe Hache et Pepin-Lehalleur qui en sont propriétaires. La fabrication qui, en 1846, montait à 660 000 francs, s'est élevée progressivement au chiffre de 1 500 000 francs et 1 600 000 francs en 1846; l'exportation ne figurait que pour une proportion insignifiante dans le chiffre d'affaires de la maison; actuellement, elle y figure pour au moins moitié de son importance. Les produits de l'usine de Vierzon sont très-appréciés aux États-Unis d'Amérique, au Mexique et dans l'Amérique du Sud. Elle fabrique tous les articles spéciaux et possède tous les modèles en faveur dans ces contrées. Médailles d'argent en 1849, de bronze à New-York en 1853, d'argent de 1re classe en 1855.

HAYEM AÎNÉ (S.), MAISON DU PHÉNIX, LINGERIE, rue du Sentier, 38. Succursale à Londres, 9, Jronmonger Lane (Cité). — On doit à M. Hayem aîné des inventions et des perfectionnements de toutes sortes. Il occupe à la confection des cols-cravates, des chemises, des faux-cols, etc., de deux mille cinq cents à trois mille femmes, et cent trente hommes. Ses divers produits, qui portent tous le cachet du goût français, présentent, chaque année, un chiffre d'affaires de plusieurs millions. La maison Hayem est une de celles qui ont demandé avec le plus d'instance l'abaissement des tarifs douaniers: c'est qu'elle est aussi une de celles qui composent cette grande spécialité française qu'on appelle la mode et qui défie toutes les concurrences.

HÉBERT FILS (Émile Frédéric). CHALES LAINE CACHEMIRE, ET SPOULINÉS; *Nouveau procédé de fabrication*; rue du Mail, 13. — M. Hébert père fut un des créateurs de l'industrie des châles; fondée en 1815, sa maison est une de celles qui ont le plus contribué à amener, en France, la fabrication des châles à un degré de perfection qui permet à ses produits de soutenir la comparaison avec ceux de l'Inde. Dès 1819, le jury de l'Exposition lui accordait une médaille de bronze. En 1827, une médaille d'argent venait encourager ses constants efforts, et les jurys des Expositions de 1834, 1839, 1844, et 1849 récompensèrent, par la médaille d'or et le rappel de la médaille d'or précédemment obtenue, les progrès qu'il avait apportés et les perfectionnements qu'il avait accomplis pendant les courtes périodes qui séparaient ces solennités. En 1840, le Gouvernement lui accordait la croix de la Légion d'honneur. En 1851, M. Hébert fils (Émile-Frédéric) partageait avec M. Hébert père la direction de leur maison, dont les produits obtinrent à l'Exposition universelle de Londres le prize médal. En 1855, M. Hébert fils (Émile-Fréderic) avait entièrement succédé à son père. En lui accordant la médaille d'honneur, le jury de l'Exposition (M. Maxime Gaussen, rapporteur) appréciait en ces termes ses produits et la direction qu'il avait personnellement imprimée depuis quelques années déjà à la maison: « La fabrication de ce jeune industriel (M. Hébert fils, n° 6295) est irréprochable; la qualité de son étoffe ne laisse rien à désirer. Ses châles, sans être des copies exactes des modèles indiens, en ont toujours l'aspect magistral et sévère. Leur coloris est harmonieux et simple à la fois. M. Hébert fils a succédé depuis peu de temps à son père, mais il y a plusieurs années qu'il dirige cette ancienne maison et sa coopération a été marquée par des succès toujours croissants. Le jury croit devoir placer ce jeune et habile producteur au premier rang. » Depuis 1855, donnant une activité plus grande à sa production, et doublant le chiffre de ses affaires tant avec la France qu'avec l'Angleterre, l'Allemagne et la Belgique, M. Hébert fils s'est attaché à suivre le genre si favorablement apprécié par le jury de 1855, et à fabriquer des tissus de la plus merveilleuse finesse, sans leur faire perdre la netteté du dessin et la richesse du coloris. M. Hébert fils, qui depuis le commencement de sa carrière commerciale s'est occupé des progrès et des améliorations à produire, a réussi à appliquer depuis 1858 un procédé entièrement nouveau de spoulinage, qui ouvre à plusieurs branches de l'industrie de tissus des voies plus larges. Après de nombreuses modifications apportées aux dispositions primitives, l'invention a enfin traversé sa période d'essais; elle fonctionne aujourd'hui d'une manière régulière dans les ateliers de M. Hébert, et a pu livrer au commerce, dans un court espace de temps, environ deux mille châles, représentant une valeur de près de 400,000 francs. Les plus importants perfectionnements que M. Hébert fils a introduits dans son industrie ont été appréciés par la Société d'encouragement, dans les séances du 28 avril 1858, et du 29 janvier 1862 (M. Alcan, rapporteur), et récompensés par une médaille d'or dans la séance du 12 avril 1862. M. Hébert fils, fidèle aux traditions de sa maison, a encore resserré, depuis qu'il en a pris la direction, les liens qui attachent l'ouvrier au patron. En appliquant régulièrement le système des avances, M. Hébert fils a permis à ceux de ses ouvriers dont la bonne conduite, les habitudes laborieuses, l'honorabilité lui sont connues, d'augmenter leur moyens de production et l'importance relative de leurs ateliers, de renouveler leur outillage, d'établir des métiers nouveaux, de subvenir à toutes les nécessités fortuites qui peuvent les atteindre. L'augmentation si rapide et si exorbitante des loyers pèse surtout de la manière la plus rude sur ces modestes producteurs dont le gain ne peut plus suffire à solder la location de l'espace un peu vaste qu'exige l'installation de leurs métiers. Désireux d'atténuer dans la mesure du possible les charges du loyer de ses ouvriers M. Hébert a mis à la disposition de ceux qui ont voulu se bâtir eux-mêmes leurs demeures les capitaux suffisants, et plusieurs ont pu en devenir ainsi propriétaires. Les prêts ainsi faits sans intérêts, et remboursables en lentes retenues sur le prix du travail, se sont portés à un chiffre considérable (environ 100,000 francs en dix ans), et jamais la moindre perte, volontairement occasionnée à M. Hébert fils, n'a été le résultat de ces prêts faits sans garantie matérielle aucune.

HÉDIARD ET Cie, CHAUDIÈRES INEXPLOSIBLES À VAPEUR INSTANTANÉE, *système Hédiard et Joly, d'Argenteuil, breveté en France et en Angleterre*, rue Taitbout, 25. — La division de l'eau et le surchauffement de la vapeur sont les principes constitutifs de cette nouvelle chaudière, dont les organes principaux et spéciaux se composent de bouilleurs, de tubes sécheurs et de tubes surchauffeurs. Les importants ateliers de M. Joly, à Argenteuil, sont desservis avec un grand avantage par des appareils de ce système, et les ateliers de précision du musée d'artillerie de Saint-Thomas-d'Aquin l'emploient depuis plus d'un an, à la grande satisfaction du directeur. L'Administration de la marine vient d'en faire installer un dans les ateliers du port militaire de Cherbourg. Un grand nombre de chaudières de toutes forces, depuis 3 chevaux jusqu'à 40 chevaux, fonctionnent déjà depuis longtemps, tant à Paris que dans plusieurs départements; elles ne laissent rien à désirer, et elles marchent toutes avec économie, régularité et précision.

HERZ (Henry). Manufacture de pianos et salle de concerts, rue de la Victoire, 48. — Cet artiste, dont la célébrité est universelle, ne s'est pas borné à cultiver l'art, il a voulu que l'industrie qui s'y rattache profitât de ses études spéciales : aussi ses instruments ont-ils obtenu la grande médaille d'honneur à l'Exposition de 1855. L'impression produite sur le jury, à l'audition de ces instrumens, est constatée dans l'extrait du rapport officiel qui suit : « A l'audition des grands pianos exposés, faite dans la salles des concerts du Conservatoire, un de ces instruments frappa le jury d'étonnement et fixa particulièrement son attention. Plusieurs épreuves de comparaison furent faites, et toujours le même instrument emporta les suffrages unanimes du jury. Il portait le n° 9. Dans la séance suivante, consacrée à l'examen et à l'audition des pianos à queue de petit format, un instrument de cette espèce se distingua aussi des autres, sous le rapport de la sonorité, par une supériorité incontestable. Le résultat des diverses épreuves auxquelles ce piano fut soumis lui conserva toujours le premier rang, à l'unanimité des votes du jury. Il portait le n° 28. Enfin, dans la séance du 17 août, pendant laquelle les pianos demi-obliques de diverses dimensions furent entendus et examinés, les deux instruments numérotés 30 et 40 obtinrent à l'unanimité des suffrages la première place. A l'ouverture des listes qui suivit le concours, on reconnut que les quatre pianos dont il vient d'être parlé sortaient des ateliers de M. H. Herz. En présence d'un si beau succès, le Jury, dans sa séance du 31 août, a accordé, à l'unanimité, à cet artiste industriel le premier rang du concours, sous le rapport du volume et de la qualité du son. »

HUGUES Aîné, Parfumeur, rue de Paradis-Poissonnière, 52. Usine à Grasse (Alpes-Maritimes). — Maison fondée en 1815. Fabrication spéciale pour les extraits aux fleurs, rose, orange, jasmin, tuberculeuse et cassie. Prix de vente en gros, n° 12, 7 fr. 50 cent. le litre; n° 18, 12 francs; extrait n° 24, au suc des fleurs de l'arbuste cotonnier, 18 francs le litre. — Mention honorable à l'Exposition universelle de 1855; médaille d'argent en 1855.

JOSSELIN Père et Mme **JOSSELIN**, Mécaniciens brevetés, fabricants de corsets, *fournisseurs brevetés de LL. MM. l'impératrice d'Autriche, la reine des Grecs et la reine des Pays-Bas et de LL. AA. RR. Mmes les duchesses de Parme, de Montpensier et infante d'Espagne*, rue Louis-le-Grand, 37, et à Londres, 47, Davie-Street, Berkeley-Square. — Extrait du rapport de M. le Dr Gervais, de Caen, au jury de l'Exposition universelle de 1855 : « M. J.-J. Josselin (n° 8214), à Paris (France), est depuis longtemps à la tête de cette industrie, à laquelle il a rendu de très-grands services. On lui doit, entre autres perfectionnements utiles, le délaçage instantané qui a causé une véritable révolution dans la confection du corset; il expose des corsets de différents modèles bien coupés et bien faits. » — Médailles d'honneur à l'Exposition de 1834, *prize medal* à l'Exposition de Londres, en 1851, médaille de première classe à l'Exposition universelle de 1855.

JOUVIN et Cie (Claude **JOUVIN** et **DOYON** associés), Ganterie, boulevard Bonne-Nouvelle, 8. — La prospérité de cette maison, créée en 1817, s'est constamment accrue, et le chiffre de ses affaires atteint aujourd'hui trois millions par an. C'est bien certainement la seule maison qui ait jamais vendu autant de gants, puisque depuis sa fondation elle en a produit pour une valeur de soixante-dix millions de francs. Sa marque est connue dans toutes les contrées du globe et ses produits ont obtenu à toutes les Expositions les premières récompenses accordées à la ganterie; ils sont renommés partout pour leur belle qualité et leur bonne fabrication. C'est M. Doyon qui, il y a peu d'années encore, a inventé le bouton-agrafe, aujourd'hui si recherché pour son élégance et sa commodité. — Médaille d'argent, 1844; d'or, 1849; de prix, 1851; première classe, 1855.

JUMELLE (C.), Fabricant de cuirs vernis, rue Rambuteau, 90. — Cette maison, fondée en 1818 par M. Deplaye et continuée par M. Déaddé, a créé l'industrie des *cuirs vernis de couleur* et elle est restée la seule qui ait fait de cette industrie une spécialité. Toutes les Expositions, notamment celles de Paris, Londres, New-York, Dublin, lui ont valu des récompenses de premier ordre. Ses produits reconnus supérieurs sont : les veaux, chèvres et moutons vernis, *de toutes nuances*, pour chaussures de dames et d'enfants, les veaux et buffles vernis *blancs* pour l'équipement militaire, les cuirs vernis de toutes couleurs pour la sellerie, la carrosserie, les crispins de gants, etc.

KRIEGELSTEIN, Facteur de pianos de S. M. l'Empereur, fournisseur du mobilier de la couronne, rue Laffitte, 53. — Établi depuis 1831 et récompensé à toutes les Expositions nationales et universelles en France, M. Kriegelstein débuta à l'Exposition de 1834 par la médaille d'argent; en 1839, il obtint une nouvelle médaille d'argent; en 1844, la médaille d'or; en 1849, un rappel de la susdite médaille d'or, et la médaille de première classe à l'Exposition universelle, en 1855. Au concours de cette dernière Exposition, ses instruments figurèrent avec succès et furent parmi les premiers. En parlant des pianos système oblique, le jury, dans son rapport, s'exprime ainsi (page 1357 du rapport du jury international) : « Le jury en a distingué « un dont l'élévation n'était que de 1 mètre 07, et « dont le son était brillant, clair et sympathique. « M. Kriegelstein, un des meilleurs facteurs de Paris, « est l'auteur de ce joli instrument. » Tous les instruments de sa maison se font remarquer non-seulement par leur force et leur belle qualité de son, mais aussi par la supériorité de leur mécanisme à répétition dont il est l'inventeur, et pour lequel il a été breveté; mécanisme dont le rapport du jury, en parlant du double échappement, dit encore (page 1359 du rapport du jury international) : « Celui de M. Kriegelstein est ingénieux; « il reprend la note à moitié de l'enfoncement de la « touche. » La combinaison simple de ce mécanisme offre, en même temps, une grande solidité et une longue durée. C'est à ses longs travaux et à ses recherches que ce facteur doit le rang distingué qu'il occupe dans son industrie.

LACHAPELLE (Hermann) et **GLOVER**. Appareils pour la fabrication des eaux gazeuses, rue du Faubourg-Poissonnière, 144. — Ces appareils joignent au mérite d'une grande perfection mécanique celui d'une rare élégance de formes, et quelques-unes de leurs pièces sont, ainsi qu'on va le voir, de véritables œuvres d'art. 1° Produire le gaz; 2° l'épurer; 3° l'emmagasiner; 4° en saturer le liquide; 5° enfin mettre le liquide en bouteilles, telles sont les opérations successives dont l'ensemble constitue la fabrication de l'eau de Seltz. Conséquemment, les appareils comprennent cinq parties distinctes. Le producteur se compose de deux capacités superposées. Toutes deux sont en cuivre rouge, glacées de plomb à l'intérieur. La plus petite, située en haut et adaptée extérieurement, reçoit l'acide sulfurique; l'autre contient la craie ou carbonate de chaux. Du compartiment supérieur l'acide s'écoule dans l'inférieur par une soupape de fond ou distributeur garni de platine. Cette soupape, qu'on meut au moyen d'une tige verticale faisant saillie au-dessus du vase, règle et ménage la dépense d'acide. Le reste se comprend : au contact de l'acide sulfurique, la craie se décompose, forme du sulfate de chaux, et l'acide carbonique se dégage. Un agitateur horizontal situé dans le cylindre producteur, agitateur qui se manœuvre du dehors et se meut de haut en bas, empêche que l'acide ne se dépose au fond du vase et mêle intimement les deux substances qui doivent réagir l'une sur l'autre. Ajoutons qu'une communication ménagée à l'intérieur de l'appareil, entre le réservoir à acide et le cylindre à craie, assure l'égalité de pression entre ces deux compartiments. Voilà le gaz produit; il s'agit de le purifier. Pour cela il se rend par un tube dans l'épurateur ou laveur, dont la forme rappelle celle du précédent appareil. Seulement, le petit compartiment supérieur est en cristal, et l'épurateur, qui est en cuivre comme le producteur, est intérieurement doublé d'étain. Cet épurateur est divisé en trois capacités distinctes dont chacune contient de l'eau; le compartiment en verre dont il vient d'être question est une de ces capacités, et comme sa transparence permet de suivre des yeux le passage du gaz, on lui donne le nom d'*indicateur*. Assujetti à traverser ces trois capacités, l'acide carbonique se débarrasse dans le trajet de toutes les impuretés qu'il contenait, et ce seul cylindre suffit pleinement à une entière épuration. Ainsi lavé, le gaz se rend par un conduit spécial dans le gazomètre, vaste cloche à double suspension équilibrée qui, cédant à la poussée du gaz, s'élève à mesure que celui-ci afflue dans son intérieur. Ce gazomètre et sa cuve sont en fer galvanisé. Son bâti est en fer et en fonte. C'est là qu'on puisera le gaz au moment de le mêler à l'eau qu'il doit rendre gazeuse. Le mélange a lieu dans le saturateur, sphère en bronze étamée, surmontant un élégant bâti en fonte, dans l'intérieur duquel est un petit récipient également étamé où afflue une eau limpide. Une pompe portée sur le même bâti aspire le gaz du gazomètre et l'eau du récipient, et refoule l'un et l'autre dans le saturateur. Un robinet régulateur permet, d'ailleurs, d'ouvrir des passages égaux à ces deux éléments ou d'augmenter la proportion de l'un aux dépens de celle de l'autre. Dans la sphère de bronze, un agitateur à larges palettes favorise, par son mouvement de rotation, la dissolution du gaz. La pompe et l'agitateur sont mus, l'une et l'autre, au moyen d'une manivelle, et un volant en fonte entretient l'uniformité du mouvement. Le degré de saturation de l'eau, ou, en d'autres termes, l'excès de pression qui retient le gaz, est annoncé par un manomètre métallique; un niveau d'eau dans une armure de cuivre et une soupape de sûreté à sifflet complètent les organes d'indication et de sûreté. L'eau étant chargée de gaz, il ne reste plus qu'à opérer son soutirage. Le soutirage se fait en plaçant successivement chaque siphon dans une enveloppe résistante, demi-cylindrique, montée sur un appareil à pédale en fonte, et en faisant jouer celle-ci. Le simple jeu de cette pédale ouvre et ferme la soupape du siphon, le rapproche ou l'éloigne d'un robinet à double effet, et enfin fait manœuvrer ce robinet lui-même, par le moyen duquel le siphon se vide d'air et se remplit d'eau gazeuse. Lorsqu'on veut préparer des eaux de Seltz sucrées ou des limonades gazeuses, on met d'abord du sirop de sucre ou du sirop de citron dans les siphons, ce qui se fait au moyen d'une petite pompe. Enfin, s'il s'agit de fabriquer des vins mousseux, on peut, à la rigueur, introduire le vin dans le saturateur qui vient d'être décrit, et opérer comme précédemment. Cependant il faut remarquer que l'embouteillage dans les conditions susdites ne se fait pas sans qu'une certaine quantité de liquide soit répandue : l'inconvénient est petit lorsque ce liquide est de l'eau filtrée; mais lorsqu'on opère sur des vins, il importe de réduire la perte le plus possible. MM. Lachapelle et Glover sont arrivés à la supprimer entièrement au moyen d'un saturateur à deux sphères. Cet appareil s'applique également à la préparation des limonades gazeuses et surtout des bières mousseuses. Lorsqu'il est spécialement destiné au vin, un glacis d'argent préserve le précieux liquide de tout contact nuisible à sa qualité.

Tels sont, très-brièvement décrits, les beaux et bons mécanismes construits par MM. Lachapelle et Glover. Pour apprécier l'exactitude de ces épithètes élogieuses, il faudrait qu'on pût examiner en détail chacun des organes qui viennent d'être décrits. Le moindre d'entre eux a été l'objet de soins infinis, il n'en est pas un seul qui n'ait subi des perfectionnements notables; plusieurs sont de véritables ouvrages de précision et on les croirait sortis des mains d'un horloger bien plutôt que de celles d'un mécanicien : leur construction place MM. Lachapelle et Glover parmi les mécaniciens les plus habiles et les plus consciencieux. Il est, du reste, quelques-uns des mérites de ces appareils que notre description, si sommaire qu'elle soit, suffit à mettre en relief. On apprécie les garanties de solidité, de sécurité, de durée et d'exact fonctionnement résultant de la nature des matériaux dont ils sont formés; on a vu que les métaux entrent seuls dans leur composition : fonte, fer galvanisé, cuivre rouge, bronze et platine. Nous avons dit avec quel soin toutes les parties en contact avec le liquide ou l'acide sont recouvertes d'un glacis protecteur. En outre, il n'est pas d'outillage industriel dont l'agencement témoigne d'une meilleure entente de la forme, et aussi il n'en est pas non plus de moins encombrant (tout cela tient dans un espace de trois mètres carrés); enfin, on s'explique aisément qu'un seul homme et la première personne venue suffisent à faire tout marcher. MM. Lachapelle et Glover ont naturellement concentré dans leurs ateliers la construction de tous les accessoires qui complètent l'outillage du fabricant d'eau de Seltz. Dans le nombre, nous nous bornerons à citer le siphon, qui les a particulièrement occupés. Il est véritablement la cheville ouvrière de l'industrie qui nous occupe : sans lui, elle n'eût certainement pas pris le développement qu'elle a atteint. Et si aujourd'hui, dans tant de petites villes où les pharmaciens exercent en fait le monopole de la fabrication, celle-ci demeure restreinte, cela vient en grande partie de ce qu'ils en sont encore à la bouteille; et ils s'en tiennent à la bouteille parce que, ne voyant que le prix d'achat, ils la croient moins dispendieuse que le siphon. Erreur! Malgré son prix plus élevé, le siphon est moins cher à l'usage, et on en conviendra si on considère (pour prendre un exemple) qu'une fabrication très-peu active, telle que celle de 150 bouteilles par jour en moyenne, entraîne la consommation annuelle de 55,000 bouchons et de 220 kilogrammes de ficelle; or, ces bouchons à 15 francs le mille, et cette ficelle à 2 fr. 25 cent le kilogramme, font ensemble une dépense de 1,320 francs, qui équivaut au prix de plus de 500 siphons. Quoi qu'il en soit, le siphon lui-même était susceptible de perfectionnement; celui que construisent MM. Lachapelle et Glover se démonte et se remonte sans difficulté, et rend très-faciles les réparations que, même dans le cas d'avaries graves, le producteur peut opérer directement au moyen de pièces de rechange. Enfin, bien que leurs appareils puissent être manœuvrés à la main, comme l'emploi d'un moteur plus puissant augmente notablement la production, MM. Lachapelle et Glover construisent pour les établissements un peu considérables de petites machines à vapeur fixes ou locomobiles de 1, 2 ou 3 chevaux, fonctionnant avec une faible dépense de combustible. Leurs locomobiles à cylindre vertical sont remarquables par leur solidité, due particulièrement à ce que le générateur, au lieu de servir de support au cylindre, est placé sur un socle de fonte à l'intérieur d'un bâti, sur lequel reposent les parties actives de la machine. On évite ainsi les fuites résultant de l'ébranlement que le mouvement du piston communique habituellement à tous les joints.

MM. Lachapelle et Glover construisent des appareils de dimensions différentes, qu'ils classent sous six numéros. Le tableau suivant indique leur prix en magasin et leur rendement.

	Tirage en bouteilles.	Prix en magasin.
N° 1. . . .	1,200	1,600
N° 2. . . .	1,500	1,900
N° 3. . . .	2,200	2,200
N° 4. . . .	2,500	2,500
N° 5. . . .	4,000	3,200
N° 6. . . .	6,000	3,700

On peut donc, avec un capital minime, monter un

beau et bon laboratoire et fabriquer des produits de choix. Quant aux bénéfices à retirer de cette industrie, il résulte de nos renseignements que, lorsqu'on opère dans de bonnes conditions, d'une manière active et suivie, le prix de revient du siphon ne s'élève pas au delà de 2 centimes. Son prix de vente étant de 15 centimes, on voit que, selon celui des six appareils qu'on fait fonctionner, le produit net, plus ou moins considérable, est toujours très-grand. La fabrication des eaux gazeuses offre donc d'assez beaux bénéfices pour attirer à elle les personnes en position d'y mettre un modeste capital. C'est une industrie à créer dans la plupart des petites villes de province, et à développer dans celles-là même où elle s'est installée.

LAHOCHE ET **PANNIER**. *A l'Escalier de cristal*, PORCELAINES ET CRISTAUX, galerie de Valois 162 et 164 au Palais-Royal. — La grande spécialité de *l'Escalier de cristal* est le service de table. Services complets qui comprennent le surtout dans toutes ses proportions calmes ou pompeuses. Cette maison a exposé à Londres en 1862 un magnifique surtout dont les bronzes sont de petits chefs-d'œuvre de statuaire. Depuis les hautes figures du milieu, groupe élégant qui supporte la corbeille de fleurs, jusqu'aux gracieuses figures couchées, sur lesquelles reposent les compotiers et les coupes, chaque pièce diffère de l'autre; ce n'est plus cet uniforme reproduction de la même idée, augmentée ou réduite, selon la nécessité; c'est un motif destiné pour l'objet, d'après sa forme, sa grandeur, son importance. Des vases de grand prix, des pendules de formes et de dispositions nouvelles, les unes dignes de figurer dans des palais impériaux, les autres admirées sur la cheminée d'un boudoir parisien; le vase, la jardinière, la coupe, le porte-bouquet garnissent les rayons de ce trophée industriel. On ne sait ce qu'on doit le plus admirer ou des cristaux gigantesques ou des porcelaines décorées par des pinceaux célèbres, ou des montures de bronze à l'or fin et au vieil argent, types savants et artistiques dont M. Lahoche sait user largement pour l'ensemble et le complément de sa spécialité.

LANDON ET **LEMERCIER**, successeurs de JEAN-VINCENT BULLY, FABRICANTS DE VINAIGRE DE TOILETTE, rue Montorgueil, 67. — Le vinaigre de toilette de Jean-Vincent Bully, dont l'immense succès dans le monde entier ne peut s'expliquer que par la réalité de ses propriétés hygiéniques et cosmétiques, joint au parfum le plus distingué les propriétés les plus efficaces. Il rafraîchit la peau, à laquelle il rend son éclat et son velouté naturels; convient particulièrement à la toilette des dames; corrige le mauvais air, et s'emploie avec avantage sur mer et dans les colonies. Il a été admis à toutes les Expositions françaises, et récompensé à l'Exposition universelle de Londres de 1851, ainsi qu'à celle de New-York de 1853. Il reste le type des vinaigres de toilette et tient toujours la tête de cette industrie, à laquelle il a donné naissance.

LATERRIÈRE (DE). SOMMIERS ÉLASTIQUES TUCKER place du Palais-Royal, 2. Usine à vapeur boulevard de Clichy, 9. — Cette industrie a été fondée en 1856. Frappé des avantages que la combinaison simple et solide de ce meuble devait offrir à la consommation générale, M. Jean de Laterrière acheta de l'Américain Htiram Tucker le brevet que celui-ci avait pris en France pour ce genre de fabrication. M. de Laterrière créa aussitôt l'importante usine qu'il exploite aujourd'hui boulevard de Clichy, n° 9, et dans laquelle un outillage mécanique des plus complets lui permet de faire et de livrer au public plus de cent sommiers par jour. La propreté, la durée et l'hygiène sont les qualités essentielles de ce sommier, qui est un composé de lattes flexibles, reposant sur des ressorts dont on peut facilement graduer la force. L'élasticité ainsi combinée s'y produit dans le sens du corps, ce qui donne un coucher souple et toujours régulier. Entièrement à jour, l'air circule librement à l'entour de toutes ses parties, et il ne présente aucun refuge aux insectes. En outre, ce sommier se monte et se démonte presque instantanément et se roule en un faisceau d'un mince volume et de peu de poids, ce qui le rend très-commode pour les transports. L'immense faveur avec laquelle l'économie domestique l'adopta, et les nombreuses récompenses industrielles dont il fut honoré, notamment par la Société d'Encouragement qui lui donna la seule médaille consacrée par elle à ce genre de meubles, justifient les avantages si facilement appréciables du sommier Tucker. — Médailles aux Expositions de Dijon, Troyes, Bordeaux, Metz et Nantes. Médaille unique de la Société d'Encouragement pour l'Industrie nationale.

LAURENT ET **GSELL**, PEINTRES VERRIERS, rue Saint-Sébastien, 43. — La maison Laurent et Gsell a obtenu une mention honorable à l'Exposition universelle de 1855, et M. Gsell, personnellement, a obtenu à la même Exposition, section des beaux-arts, la grande médaille d'or pour dessins de vitraux. Cet établissement a fait de nombreuses verrières pour l'Angleterre, et entre autres celles de l'église Saint-Paul à Croydon (Londres). MM. Laurent et Gsell ont exposé en 1862 un vitrail, exécuté d'après les dessins de M. Gsell, et qui fait partie d'une série de croisées commandées pour la cathédrale de Wilna (Lithuanie).

LEGAVRE, FABRICANT DE PEIGNES ET DE BIJOUTERIE EN ÉCAILLE, boulevard de Sébastopol, 70, *à la Tour d'argent*. — La fabrication des peignes a toujours fait partie de l'industrie parisienne; les anciens maîtres *piquiers* étaient organisés en corporation, dès le XVe siècle, et leurs produits faisaient partie de ces articles de fantaisie et de mode, dont Paris avait déjà le monopole. La maison Legavre a succédé à une de ces anciennes maîtrises. Le père de M. Legavre en prit la direction en 1802; il dut se courber devant l'exigence des nécessités industrielles de l'époque, et fabriquer pendant longtemps les articles ordinaires. En lui succédant, son fils chercha à développer ses affaires commerciales en ouvrant à la fabrication des voies nouvelles; il fit des peignes d'écaille sa spécialité artistique, et donna à cette industrie une impulsion que ses confrères s'empressèrent de suivre, sans pouvoir la dépasser. On peut en juger par son exposition à Londres en 1862, dans laquelle on remarque une coiffure toute écaille incrustée d'or; des peignes d'un genre exceptionnel par la richesse des modèles : parmi eux, l'un représentant la couronne d'Angleterre, dont le mélange d'écaille blonde et jaspée produit le plus bel effet; puis un manche d'ombrelle d'une riche sculpture; tous ces articles offrent une grande difficulté de travail. A côté de ces richesses la variété et le soin apportés aux articles de vente courante ne sont pas moins remarquables : tous les modèles en général sont créés par lui.

M. Legavre créa l'article *bijouterie-écaille*, qui fut promptement apprécié. Une tentative avait été faite antérieurement, mais on avait cru devoir employer l'écaille comme accessoire, comme ornement de bijoux en or; c'était employer, pour la décoration d'une matière précieuse, une substance qui l'est moins, et renoncer à utiliser les qualités les plus agréables et les plus recherchées qu'offre l'écaille; sa douceur, sa légèreté, sa souplesse, pour lui faire jouer un rôle infiniment mieux rempli par les pierres fines naturelles ou artificielles. M. Legavre fit de l'écaille la matière principale, l'or la décora comme accessoire, il l'embellit en incrustation, lui servit de monture et, dès lors, le public et le commerce s'empressèrent d'adopter ce nouvel article. Ce premier succès ne pouvait être soutenu et s'agrandir qu'à l'aide de perfectionnements constants et de créations nouvelles, inspirées par le bon goût. M. Legavre le comprit, ses décorations devinrent plus riches, mieux choisies, plus variées; l'or ou ses imitations pour les articles ordinaires ne furent pas seuls employés, le corail, le lapis, se marièrent à l'écaille et formèrent ces charmants bijoux d'un effet si distingué que recherche l'aristocratie élégante. Sous une direction habile, la maison Legavre devait prendre un accroissement notable; elle occupe aujourd'hui trente ouvriers d'une manière constante et directe, et ses affaires suivent toujours une progression constante, qui s'explique par la perfection et le bon goût des produits de cette fabrique.

LEGRAND. FABRIQUE D'ENVELOPPES DE LETTRE ET DE PAPIER A LETTRE, rue d'Anjou, 10 (Marais). Usine à vapeur, rue du Delta, 10. — *Enveloppes de lettre* de toutes formes et qualités, doublées toile et fantaisie, formats français, anglais, allemands, espagnols et américains. *Papiers à lettre filigranés*, vergés, damassés, rayés, quadrillés, commercial. Très-grande collection de dessins variés; armes de tous pays; actions industrielles; mandats et raisons de commerce. Un grand matériel créé dans l'usine et tous les moyens mécaniques ont acquis à cette fabrique une grande importance, par la supériorité et la régularité de ses produits. *Papier-toile*. (Breveté s. g. d. g.) La toile adhère au papier lors de sa fabrication. Cet article obtient une grande faveur pour plans, dessins, lavis, etc.

LEMANN ET Cie. ANCIENNE MAISON COUTARD, MANUFACTURE DE VÊTEMENTS POUR HOMMES, TOUT FAITS ET SUR MESURE, VENTE EN GROS ET EN DÉTAIL, rue Croix-des-Petits-Champs, 21. — L'extrait suivant du rapport du jury international de 1855 fera connaître le mérite de cette maison : « Le travail de cette importante maison s'adresse plus particulièrement à la consommation de la clientèle aisée. La maison Lemann fait, en outre d'un commerce de détail considérable, de grandes affaires d'exportation. C'est surtout à ses efforts intelligents que sont dus les débouchés que notre commerce de vêtements confectionnés trouve aujourd'hui dans les deux Amériques, en Orient et en Australie, commerce qui, autrefois, appartenait exclusivement à l'Angleterre et à la Belgique. » — Médaille de 1re classe à l'Exposition de 1855; deux médailles de bronze et trois mentions honorables ont été décernées aux ouvriers de cet établissement.

LEPLAY ET **J. CUISINIER** (H.). NOUVEAUX PROCÉDÉS POUR LA REVIVIFICATION DU NOIR ANIMAL ET L'ÉPURATION DU JUS ET SIROP, rue du Temple, 23. — Ces procédés ont reçu une application manufacturière dans la fabrication du sucre sur environ cinq millions de kilogrammes de betteraves, pendant la campagne dernière, dans deux usines importantes du département de l'Oise, l'une appartenant à MM. Bachoux et Ce, à Francières, l'autre appartenant à MM. Daniel et Ce, à Froyères.

En ce moment il y sont encore pratiqués dans le travail des deuxième et troisième jets.

Ces procédés peuvent être appliqués avec le même succès dans toutes les opérations de sucrerie, dans la fabrication du sucre de canne comme dans celle du sucre de betterave, et dans le raffinage des sucres.

Son application présente les avantages suivants :

1° De supprimer complétement l'usage du noir neuf en cours de fabrication;

2° De supprimer également complétement la revivification à haute température dans les fours;

3° De réduire, dans de très-grandes proportions, la quantité de noir en cours de travail et d'apporter une grande économie dans son emploi;

4° D'obtenir des sucres d'une qualité supérieure avec un rendement plus considérable, sans changer les appareils existant dans les fabriques;

5° De réduire dans une grande proportion le prix de revient du sucre;

6° De donner beaucoup plus de constance et de certitude aux opérations de la fabrication, en évitant les principaux inconvénients qui se produisent le plus souvent par l'emploi d'un noir imparfaitement revivifié.

Jusqu'à présent l'emploi du noir animal dans la fabrication du sucre de canne, malgré les grands avantages qu'il procure, a été très-limité : cela tient surtout à l'incertitude de réaliser cette opération avec la perfection indispensable à un bon travail, et aussi aux frais qu'entraîne la revivification dans des fours à haute température, qui ne peuvent être chauffés que par un combustible d'un prix très-élevé dans les pays de production de sucre de canne.

Le procédé de MM. Leplay et Cuisinier obvie complétement à ces inconvénients, et l'on peut considérer le problème de l'emploi économique du noir animal dans la fabrication du sucre de canne comme complétement résolu, et tous les avantages qui en découlent comme définitivement acquis, en quantité et qualité de sucre; aussi MM. Leplay et Cuisinier se proposent-ils d'en vulgariser l'emploi rapide dans tous les pays où ils ont obtenu un privilége, soit en France et colonies françaises; en Angleterre et colonies anglaises; aux Indes; dans l'Amérique du Nord et du Sud; à Cuba; à Porto-Rico; au Brésil; en Hollande, et aux colonies hollandaises; en Espagne, en Italie; en Suède; au Hanovre; au Danemark et principautés; en Saxe; à Wurtemberg; à Bade; en Bavière; en Autriche; en Prusse et en Russie.

LHOMME-LEFORT, MARCHAND DE COULEURS; *spécialité de mastic pour greffer à froid, guérir et cicatriser les arbres et arbustes*, rue du Pré, 1, Paris-Belleville. — Voici comment M. le professeur Dubreuil s'exprime sur ce mastic dans son *Traité d'arboriculture*: « M. Lhomme-Lefort a heureusement imaginé un mastic liquide et que l'on emploie à froid. Ce mastic a la consistance d'une bouillie épaisse que l'on applique très-facilement à l'aide d'une petite spatule en bois. Cette matière acquiert une dureté extraordinaire dans l'espace de très-peu de jours, ne se ramollit pas au soleil, et ne se fendille pas sous l'influence des gelées; l'humidité ne fait que hâter sa solidification. Ce mastic étant d'ailleurs livré à un prix peu élevé, nous sommes convaincus qu'il est appelé à remplacer tout ceux qui ont été imaginés jusqu'à présent. »

L'HUILLIER (E.). PELLETERIES ET FOURRURES CONFECTIONNÉES, rue Beaubourg, 42. — Cette maison se recommande par le chiffre de ses affaires, l'importance de ses assortiments très-complets, l'étendue de ses relations commerciales à l'étranger, et par ses connaissances spéciales et pratiques, qui lui ont souvent permis de prendre l'initiative de perfectionnements, soit pour la préparation, soit pour l'application à de nouveaux emplois de pelleteries de toute espèce. La perfection de sa fabrication est reconnue. — Médaille de deuxième classe à l'Exposition de 1855.

MARCHAND (L.), FABRICANT DE BRONZES, boulevard du Temple, 43. — Fondée en 1820, cette maison a su, par des efforts constants, se placer au premier rang parmi les fabricants de bronzes d'art et d'ameublement; M. Léon Marchand, qui en est le chef actuel, s'est surtout attaché à s'assurer la collaboration d'artistes du premier mérite.

La direction artistique, confiée à M. Eugène Piat, sculpteur, est un sûr garant de réussite; ses œuvres toujours neuves et originales ont placé cet artiste au premier rang parmi les compositeurs industriels de notre époque. Par cette collaboration, la maison Marchand se trouve être du petit nombre de celles qui peuvent se charger de la décoration complète d'un intérieur. Médaille de bronze en 1849; prize-medal avec approbation spéciale en 1851; médaille de 1re classe en 1855.

MARION (A.) ET Cie, FABRICANTS DE PAPIERS ET ENVELOPPES DE LUXE, cité Bergère, 14; succursale à Londres, 152 Regent-Street. — A. Marion fonda sa maison en 1830 et fut le créateur de la spécialité des papiers de luxe pour la correspondance. L'impulsion toute nouvelle qu'il sut donner à l'industrie du papier, alors bien arriérée, a rendu son nom européen.

Dès l'apparition de la photographie, il comprit l'immense avenir de cet art nouveau et l'emploi considérable de papier spécial auquel il donnerait lieu : il se mit dès lors en mesure de satisfaire aux exigences de l'art naissant, et joignit une nouvelle specialité à la première.

Aujourd'hui son fils LÉON MARION et son gendre H. GERY, devenus ses associés, le secondent dans ses travaux; c'est de leur usine de Courbevoie que sortent les papiers et les enveloppes pour correspondances les plus beaux, les plus riches, les plus élégants et les mieux ornés. La préparation des papiers photographiques s'y fait au moyen de machines de leur invention, avec tout le soin que réclame cette partie délicate de leur industrie. Ils sont, en outre, inventeurs d'ingénieux appareils et de procédés donnant d'excellents résultats. Nous citerons entre autres leur appareil conservateur, très-estimé des photographes, et qui leur permet de livrer au commerce des papiers positifs et négatifs sensibilisés prêts à mettre en œuvre. Les préservateurs Marion, pour opérer avec la chambre noire en pleine lumière, leur font grand honneur. Leur papier négatif au collodion est une récente et précieuse découverte destinée à faire faire un pas immense à la photographie.

Marion A. et Cᵉ ont obtenu d'exposer en 1862 dans deux parties du Palais, à la division de la papeterie et à celle de la photographie. Médailles de bronze aux Expositions de 1849, Londres 1851, Paris 1855.

MASSONNET (Charles). ÉTABLISSEMENT DE NUMISMATIQUE, rue du Faubourg-Saint-Denis, 48. — Etablissement spécial pour la gravure et l'édition des médailles en tous genres, historiques, scientifiques, artistiques, industrielles, religieuses, commémoratives à un titre quelconque, et pour les incrustations-médailles et les jetons-adresses ; tel est l'intitulé de l'établissement fondé par M. Massonnet. Il nous montre que cet établissement n'est étranger à aucune des spécialités de la numismatique, et de plus nous met sur la voie de ce que l'entreprise de M. Massonnet tient en propre de l'initiative de cet artiste et de cet industriel. M. Massonnet a voulu en effet, et il a réalisé deux choses bien distinctes. D'abord, il a voulu démocratiser la numismatique, mettre à la portée des plus modestes positions la médaille commémorative d'un homme, d'un événement, d'une date, médaille restée jusqu'ici le privilége des érudits et confinée dans les demeures des riches ; c'est la numismatique artistique. Ensuite il a rêvé pour la numismatique l'*utilité*, dans le sens usuel, le sens étroit et positif du mot. Et il a créé... disons nettement le mot : l'annonce, le prospectus, la carte d'adresse numismatiques; c'est-à-dire l'équivalent de toutes ces choses élevées à une valeur artistique, rendues impérissables et désormais recherchées du public; en un mot, il a créé comme adresse fixe et comme adresse circulante, ces deux petits monuments : l'*incrustation-médaille* et le *jeton-adresse*. C'est la numismatique industrielle.

Pour ouvrir ces voies à la numismatique plus d'une innovation était nécessaire; M. Massonnet les a toutes réalisées. Il a fait choix de deux beaux alliages, l'*oréide* et l'*argentéide*, qui, à la vue, ne se distinguent pas des métaux précieux. Comme ceux-ci, ces alliages sont inaltérables à l'air; l'un a toutes les apparences de l'or, et l'autre celles de l'argent. En second lieu, il a su apporter à la presse monétaire diverses modifications qui l'ont rendue propre à la fabrication des médailles, modifications dont il s'est d'ailleurs réservé le secret. Par ces innovations, il a pu mettre au service de la numismatique populaire et industrielle un procédé de tirage énormément économique et des plus expéditifs qui donne une médaille par seconde, 36,000 médailles en dix heures de travail! Enfin, il a imaginé, en vue des médailles artistiques qui doivent être gardées isolément, un petit cadre circulaire plein d'élégance, quoiqu'à bon marché, dont la couleur d'ébène ajoute à l'effet de la médaille et auquel convient le nom de *passe-partout*. Ouvert des deux côtés, ce cadre, qui s'applique au mur comme un médaillon, laisse voir, sous la double glace qui les protége, les têtes et les revers des médailles, sans qu'il soit besoin, ni de toucher à celles-ci, ni même d'ouvrir le médaillon. Pour les grandes suites numismatiques, il a un médaillier des plus ingénieux et du plus grand aspect, qui, sous le rapport de l'effet et de la commodité, vaut celui des plus riches collectionneurs, et que cependant la modicité de son prix fera rechercher par les plus modestes amateurs comme l'ornement qui peut le mieux concourir à embellir et à ennoblir un salon ou un cabinet de travail.

L'œuvre, qui fut l'origine de la popularité acquise à la maison qui nous occupe, est la médaille commémorative de l'Exposition de 1855. Cette médaille, frappée dans l'enceinte même de l'Exposition et sous les yeux des visiteurs, était en argentéide, d'un module de 50 millimètres, marquée au droit de l'effigie de l'Empereur et portant au revers l'allégorie de la France impériale distribuant des récompenses aux beaux-arts, à l'agriculture et au commerce; il s'en écoula plus de 200,000 exemplaires en quelques semaines; ce furent 200,000 voyageurs allant donner avis dans toutes nos provinces et à l'étranger, d'un emploi nouveau de la numismatique. Aussi, presque toutes les Expositions ouvertes depuis 1855 ont-elles voulu perpétuer sur le métal le souvenir de leur existence. J'ai sous les yeux les médailles commémoratives des Expositions d'Auxerre, de Besançon, de Bordeaux, de Dijon, de Limoges, etc..., la plupart sont en argentéide, toutes sortent des ateliers de M. Massonnet. Il en est de même des *médailles de Prix* délivrés à l'occasion de ces divers concours. Elles sont le plus souvent de deux modules : 50 millimètres pour l'argent, 36 pour l'or. Nous citerons celle qui a été frappée sur la commande de la commission organisatrice de l'Exposition de Bordeaux en 1859. Les sociétés savantes n'ont pas tardé à suivre la voie que leur indiquait les jurys. Pour les unes, M. Massonnet frappe les médailles destinées à constater les succès de leurs lauréats, pour les autres, des jetons de présence. Parmi ces derniers je distingue une jolie pièce octogone en bronze : sur la face une abeille avec cette légende : *Colligit et elaborat*; sur le revers : Société des sciences historiques et naturelles de l'Yonne fondée en 1847. On voit combien a été fécond l'essai tenté en 1855 par M. Massonnet. Après ce rapide historique des progrès de sa maison nous allons passer en revue les deux grandes spécialités créés ou renouvelées par elle, la numismatique industrielle et la numismatique artistique.

Numismatique industrielle.—Chaque fois que la nature de ses produits s'y prête, le fabricant inscrit sur eux son nom et son adresse; c'est le plus souvent sur une plaque estampée ou gravée en creux qu'il les imprime. Combien une belle médaille artistement frappée, contenant les mêmes indications et de plus témoignant doublement par son aspect, par sa forme, par ses légendes et ses emblèmes des succès remportés, se substituerait avantageusement à ces vulgaires inscriptions! C'est ce que s'est dit M. Massonnet, et il a inventé l'*Incrustation-médaille*.

L'incrustation-médaille est destinée, comme son nom l'indique, à être enchâssée dans tout objet de nature à admettre ce genre d'inscription, et, j'ose ajouter, de décoration. Elle est habituellement en bronze doré à revers lisse, ce revers étant soustrait au regard. La face, seule visible, porte le nom et l'adresse de la maison qui l'emploie et la mention ou la représentation des distinctions qu'elle a obtenues, le tout rehaussé par les attributs particuliers de cette maison. Celles que nous avons vues sont de l'un des modules suivants, 50, 58 et 75 millimètres. Ces adresses, si brillantes et si persuasives, ont fait un chemin rapide; et comment, en effet, les chefs d'industrie eussent-ils hésité à adopter une médaille d'un effet si éminemment décoratif, et qui, lorsqu'un client s'en approche, lui dit et lui montre que le producteur de l'objet qu'il a sous les yeux a remporté telle distinction, une médaille, la croix! en telle circonstance solennelle. Ce fut un luxe pour ceux qui commencèrent, cela est devenu une nécessité pour tout le monde. Parmi ceux qui ont eu les prémisses de cette innovation, il faut citer les Erard, les Hertz, les Pleyel, les Debain, les Alexandre père et fils, les Boisselot, etc. — Mais si heureuse que soit cette invention, elle n'est pas d'un usage universel. Un meuble, une machine, un appareil peuvent en bénéficier, elle reste sans emploi dans un nombre immense de cas. La numismatique ne peut-elle rien pour cette catégorie de producteurs, auxquels l'incrustation-médaille n'est d'aucun secours? Eh bien, qu'on interroge nos principaux négociants, et entre autres les chefs de ces grandes maisons : *les Villes de France*, *la Belle-Jardinière*, *le Coin de rue*, et on saura à quoi s'en tenir sur ce point. Ces négociants, bien d'autres personnes encore, MM. Gelot, Brag, Williams Rogers, répondront que la numismatique leur a fourni, grâce à M. Massonnet, la plus brillante et la plus persuasive des cartes d'adresse, la plus durable aussi, que le public recherche et qu'il conserve, à savoir le *jeton-adresse*, portant d'un côté, comme la médaille-incrustation, le nom, le domicile, la spécialité, les attributs de la maison qui l'emploie, et sur le revers (car étant destiné à passer de main en main, le jeton a un revers), l'indication des récompenses obtenues par cette maison. Nous en avons vu de toutes sortes : en bronze doré, grand luxe! en oréide, en argentéide, en cuivre même. De petits jetons en cuivre, à pans coupés, ne coûtent que cinq centimes la pièce; les plus précieux circulent sous la protection de petites boîtes rondes en carton. Le négociant qui les distribue fait un cadeau à ses clients. — Aux incrustations-médailles et aux jetons-adresses, ajoutons les *jetons de présence pour sociétés industrielles*, et nous aurons achevé la revue de la branche de numismatique qui nous occupe. Comme exemple de ces jetons, nous nommerons celui de la société des deux Cirques : Dejean et Cᵉ, dont le module est celui d'une pièce de 5 francs.

Numismatique artistique. — La vigueur avec laquelle M. Massonnet s'est livré aux créations que nous venons d'étudier, n'a nui ni au nombre ni à l'excellence de ses œuvres en numismatique artistique. Il a mené constamment de front ces deux branches d'un même art, et il n'est aucun de ces événements dont on a coutume de confier la mémoire à des médailles qui ne soit largement représenté dans le médaillier qui constitue l'assortiment de sa maison : histoire ancienne et histoire contemporaine, les hommes et les choses de la religion, de l'art, de l'industrie, de la science, de la politique, de la guerre, de l'administration, de la magistrature; on passe le monde en revue quand on parcourt ses collections. M. Massonnet est dans son genre une sorte de journaliste écrivant des médailles-premier-Paris sur tout ce qui en est digne. *Mariage du chef de l'État*; médaille à la double effigie de l'Empereur et de l'Impératrice! *Guerre de Crimée*; médaille avec les portraits superposés des souverains de la France, de l'Angleterre et de la Turquie! *Guerre de l'Indépendance italienne*; une médaille pour chaque étape de cet immense événement! *Annexion de la Savoie et du comté de Nice*; médailles donnant le nombre des votants et celui des suffrages! *Guerre d'Espagne contre le Maroc, en 1859*; deux médailles! *Inauguration des statues sœurs de Gœthe et de Schiller, sur une des places de Weimar*; médaille représentant le monument élevé à ces deux grands hommes! *Mort de Humboldt*, médaille!... Médaille du Pape; médaille de l'Empereur; médaille de l'Impératrice; médaille du prince Napoléon; médaille de Victor-Emmanuel; médaille de Garibaldi; médaille d'Abd-el-Kader! Les Orphéons se réunissent-ils le 18 mars 1859, au nombre de 6,000, dans le Palais de l'Industrie, pour y donner leur premier festival? médaille! Aussi les annales métalliques de l'histoire contemporaine se rencontrent-elles dans toutes les demeures; et chacune de ses pages, entourée et protégée par un élégant passe-partout, décore-t-elle les plus humbles murailles; car la même médaille qui, en bronze, coûterait 5 ou 6 francs, en argentéide, coûte cinq ou six fois moins.

Avons-nous achevé de parcourir le cercle des travaux de M. Massonnet? Non. Car nous n'avons rien dit encore de cette grande restauration de la *médaille de Sainteté*, que M. Massonnet va entreprendre, ni de ces quatre séries qu'il s'apprête à lancer dans la circulation, savoir : 1° *Société de secours mutuels* : c'est la société de Maisons-Lafitte qui en a la primeur; 2° *Saint-Vincent-de-Paul*; 3° *Première communion, Baptême* et *Confirmation*; 4° *Mariage*; l'idée de tirer la médaille de mariage de l'écrin où on la tient ordinairement renfermée pour l'enchâsser dans le petit passe-partout que nous avons décrit est des plus heureuses.—Nous avons omis en outre une création bien mondaine cette fois, mais bien ingénieuse, celle du jeton de jeu destiné à remplacer la fiche insignifiante et vulgaire; jeton armorié sur sa face, et au revers, portant le nom de la noble maison qui le fait frapper pour son usage et la désignation de la valeur qu'il représente. Disons enfin que M. Massonnet annexe à son établissement un atelier de galvanoplastie spécialement destiné à la reproduction des médailles de prix dont les industriels aimeront à exhiber les spécimens auprès de leurs produits, pendant les Expositions et sur la devanture de leurs magasins. C'en est assez sans doute pour donner une idée exacte des services très-nombreux et très-variés qu'avec l'art et le métal, *arte et metallo* (selon la devise de l'ancienne corporation des graveurs en métaux de Paris), M. Charles Massonnet a rendus et rendra à toutes les classes de la société.

MILLET (Alexis), OPTICIEN, rue Saint-Martin, 160. — Cette maison, fondée seulement depuis cinq ans, se recommande aux amateurs par les perfectionnements apportés par M. Millet aux objectifs, produit spécial de sa fabrication. Pour 100 francs, on peut se procurer un appareil complet et apprendre gratuitement la photographie. M. Millet met à la disposition des amateurs une magnifique terrasse, où les élèves pratiquent eux-mêmes d'après les leçons qu'ils reçoivent. Les photographies produites par cette maison, et obtenues par M. Alexis Millet lui-même, montrent à quel degré de perfection ce fabricant-professeur peut faire parvenir ses élèves. Cette maison tient à la disposition de ses clients tous les articles nécessaires pour la photographie. Les produits chimiques sont livrés aux prix de tous les fabricants de la place de Paris, et essayés par M. Millet avec ses élèves. M. Millet a joint à sa fabrication d'optique un atelier d'ébénisterie dont les produits sont très-appréciés.

MONTAL, FACTEUR DE PIANOS, boulevard Bonne-Nouvelle, 32. — Préparé par des études sérieuses ayant porté sur les sciences exactes, sur la musique, sur l'accordage des pianos et l'examen comparatif des différentes factures, tant françaises qu'étrangères, M. Montal s'établit, en 1830, dans un modeste atelier, sans autres ressources que la conscience de ses forces et de son intelligence, jointe à une incessante activité. Un *Traité de l'accordage des pianos* le fait connaître à l'Exposition de 1834. A celle de 1839, il se fait remarquer par un piano combiné avec un orgue expressif, à clavier unique isolant ou réunissant à volonté le jeu des deux instruments. En 1844, M. Montal obtient au concours le titre de facteur de l'institution des Jeunes aveugles de Paris. A l'Exposition de 1844, il figure avec des pianos de tous formats, munis d'un système breveté de mécanisme à double échappement, et obtient une médaille de bronze. En 1846, l'Académie de l'industrie lui décerne une médaille d'argent. En 1847, il reçoit : 1° une médaille d'argent, de l'Athénée des arts; 2° une médaille d'argent, de la Société libre des beaux-arts; 3° une médaille de platine, de la Société d'encouragement (nouveau système de transposition, divers mécanismes à double et simple échappement, etc.); 4° une médaille d'or, de la même Société (nouveau système de contre-tirage, chevalets et table d'harmonie perfectionnés, etc.). L'année d'après, il remporte la médaille d'or à l'Académie de l'industrie. En 1849, M. Montal présente à l'Exposition de magnifiques pianos droits et un piano à demi-queue, à table renversée, avec de nouveaux mécanismes et des perfectionnements importants; il obtient une médaille d'argent. En 1851, il ajoute à ses précédentes inventions sa pédale d'expression, si appréciée des artistes, et fait figurer à l'Exposition universelle de Londres quatre pianos droits. La prize medal lui est décernée, et, de retour en France, il reçoit la croix de la Légion d'honneur de la main même de l'Empereur. En 1853 et 1854, il reçoit le titre de fournisseur breveté de S. M. l'Empereur et l'Impératrice des Français et celui de fournisseur de S. M. l'empereur du Brésil. A l'Exposition universelle de Paris, en 1855, M. Montal présente neuf pianos à queue, demi-queue et droits, et obtient la médaille de 1re classe. En 1856, il reçoit de Sa Majesté le roi de Hanovre, acquéreur d'un piano ayant figuré à l'Exposition de Londres, la médaille d'or dite médaille de mérite. En 1859, M. Montal obtient, à l'Exposition de Bordeaux, le diplôme d'honneur, la plus haute récompense de cette Exposition. Telles sont les phases de la carrière industrielle et artistique de M. Montal, carrière marquée par d'incessants progrès, par des travaux et des succès nombreux, par six brevets importants, représentant une facture propre et originale, et par douze médailles et récompenses de toute sorte. M. Montal est aujourd'hui placé au premier rang dans la facture française. Disons, en terminant, qu'il est aveugle, et que, le premier, il a ouvert aux aveugles de tous les pays une carrière nouvelle et fructueuse, celle de l'accordage des pianos.

MOURCEAU, Fabricant de tapisseries et de reps, rue du Mail, 27. Manufacture rue Saint-Maur-Popincourt, 174. — Paris peut, à bon droit, revendiquer l'honneur d'avoir créé les tapisseries et reps pour ameublements, et c'est à M. Mourceau que cette création appartient tout entière. Aussi peut-on dire que l'histoire de cette maison, fondée en 1840, est l'histoire même des étoffes pour ameublements. Il est bien peu d'industries qui peuvent à ce point se personnifier dans un seul manufacturier. Cette maison a toujours figuré avec éclat à toutes les Expositions, et y a obtenu de nombreuses récompenses. M. Mourceau inventeur et novateur de tous les articles de nouveautés en étoffes d'ameublements qui ont paru depuis la fondation de sa maison, ne s'est pas borné à doter incessament d'améliorations nouvelles, au point de vue de la fabrication, l'industrie dont il est le méritant promoteur; il a voulu que l'organisation matérielle de l'établissement répondit dignement au progrès même de la production. En conséquence, avec une intelligente et généreuse décision, il a fait élever en 1857, rue Saint-Maur-Popincourt, 174, une manufacture monumentale, et qui répond d'une manière admirable à toutes les exigences d'une grande industrie. Elle comprend cent métiers environ. Les derniers perfectionnements apportés à la Jacquart y sont appliqués. Toutes les préparations, toutes les manutentions, toutes les opérations, cabinets de dessins, tissage, piquage, mise en carte, se trouvent concentrés dans l'établissement. 1844, Paris, médaille de bronze; 1849, médaille d'argent; 1851, Londres, Exposition universelle, prize medal; 1853, New-York, médaille; 1855, Paris, Exposition universelle, seule médaille d'honneur; 1860, Besançon, hors concours; 1861, Nantes, médaille d'honneur.

PALLU (Aphonse) et Cie. Compagnie des marbres onyx d'Algérie, rue Popincourt, 29. Vers 1843, un marbrier de Carrare, M. Delmonte, se fixait en Algérie. Esprit ardent et chercheur infatigable, il voulait retrouver les carrières perdues qui fournissaient aux anciens ces admirables marbres transparents dont ils décoraient leurs demeures. Il avait déjà vainement exploré toutes les contrées de l'Europe méridionale, l'Asie mineure, l'Egypte entière; le témoignage de tous les auteurs lui assurait que Rome tirait de l'Afrique ses gemmes les plus magnifiques, et il venait, plein d'un nouvel espoir, poursuivre ses recherches sur cette terre d'Algérie, rendue à la civilisation par la conquête française.

En avril 1849, il parcourait la province d'Oran. Le génie traçait alors une route de cette ville à Tlemcen, l'ancienne capitale berbère. Elle traversait le *Blad-Rekam* (le pays des marbres), et les ouvriers brisaient les blocs accumulés, pour en empierrer la route. M. Delmonte examina ces fragments; il étaient d'un marbre admirable, complétement en dehors de tous les genres connus; il visite les localités, descend dans le ravin de l'*Oued-Abdallah*, et bientôt les nombreuses traces d'exploitation ancienne, l'étude du sol, l'examen des blocs lui démontrent qu'il a enfin atteint le but de ses recherches, que les riches carrières où puisèrent Rome, Carthage et les Berbères sont découvertes.

Devenu propriétaire des mines qu'il avait retrouvées, M. Delmonte ne put, dès ces premiers temps, donner à leur exploitation l'importance qu'elle devait avoir, et, en 1858, il céda ses droits à une compagnie puissamment organisée sous le nom de : *Compagnie des marbres onyx de l'Algérie*. C'est celle que dirigent aujourd'hui MM. A. Pallu et Cie.

Le nom de *marbres onyx* ne fut pas d'abord donné aux marbres qui nous occupent; frappés de leur singulière beauté, ne sachant comment les classer, et leur trouvant des analogies avec les albâtres transparents de la haute Egypte, auxquels ils sont pourtant infiniment supérieurs, M. Delmonte et les ingénieurs géologues qui les examinèrent les désignèrent sous le nom d'albâtre antique, de calcaire onyx ou de stalagmites d'Algérie. Soumis à l'analyse, on reconnut un calcaire extrêmement pur, contenant seulement des traces de carbonate de magnésie et des quantités variables de carbonate de fer, d'une densité moyenne de 2,730, passé à l'état compacte et transparent sous l'influence de certains agents. Ce calcaire ne s'était présenté jusqu'alors à l'examen des géologues qu'à l'état de stalagmites, dans des grottes isolées; on le découvrait tout à coup en roches puissantes.

Deux admirables spécimens de quatre mètres de longueur attendent, dans les chantiers de la rue Popincourt que le ciseau du sculpteur y taille des colonnes dignes des palais des Césars, ou, plus probablement, que la scie les débite pour les besoins de l'art industriel.

Transportés à Oran par terre, ces blocs y sont embarqués pour un des ports de la Normandie; amenés ensuite à Paris, ils trouvent dans les ateliers de la Compagnie l'emploi qu'il doivent avoir. Comme cet emploi dans la décoration architecturale n'a d'autre limite que la dimension des blocs, et que la beauté de la matière permet de l'employer aux objets d'art les plus délicats, presque tout peut être utilisé; on ne rejette que les parties qui paraissent moins pures ou moins richement nuancées.

Le calcaire transparent d'Algérie est d'une beauté si parfaite et si remarquable qu'on peut le comparer aux quartz agates les plus précieux. Il a l'avantage sur les gemmes quartzeuses de se présenter en masses considérables, de se tailler aussi facilement que le marbre et de prendre le même poli que les pierres les plus dures et les plus fines, ce qui l'a fait nommer avec raison *marbre onyx d'Algérie*. On y trouve toutes les nuances, depuis le blanc le plus pur jusqu'au rouge le plus vif, le jaune d'or le plus brillant et les teintes verdâtres les plus variées, tantôt disposées en stries minces et déliées comme de fines bandelettes, tantôt en blocs puissants, parfois sous forme orbiculaire; sa surface floconneuse et plus souvent nacrée s'éclaire de reflets phosphorescents et produit à la lumière de merveilleux effets.

La *Compagnie des marbres onyx algériens* sait, du reste, tirer le meilleur parti de l'admirable matière qu'elle exploite. L'usine de fabrication a été établie à Paris, centre fécond où le génie de l'artiste industriel grandit et s'épure, où chacune de ses œuvres semble s'éclairer d'un rayon qui séduit et qui charme. Un bâtiment important développe sur la rue Popincourt sa façade monumentale; le rez-de-chaussée, est occupé par une salle d'exposition où sont rangés les objets de grande dimension, et entièrement pavé d'une mosaïque très-heureusement réunie; le premier étage contient la collection la plus variée des objets les plus précieux que l'art ait pu créer. Deux bâtiments latéraux font suite sur la cour et contiennent des ateliers de fabrication vastes et des mieux outillés.

Dans le premier, les scies mécaniques débitent les marbres suivant les besoins de la fabrication. Vingt lames d'acier travaillent à la fois à diviser un immense bloc en minces tablettes, tandis que d'autres découpent, par leur mouvement circulaire, des pièces cylindriques dans la masse compacte et informe. Puis le travail mécanique se poursuit dans l'atelier des tourneurs qui traitent le marbre comme le fer ou l'ivoire; un tour en l'air à travail elliptique, remarquable par ses dispositions, y fonctionne à côté des tours circulaires et des tours à percer. Les salles consacrées au polissage et à la sculpture sont en face. La nécessité où l'on est de rehausser presque toujours les objets en marbre par des ornements en bronze, la difficulté d'obtenir de la fabrication ordinaire des pièces assez parfaites et bien appropriées pour la décoration des onyx, a forcé la Compagnie d'adjoindre à son usine une fabrique de bronzes d'art. Seulement, au contraire de ce qui s'était fait jusqu'alors pour le marbre ordinaire, au lieu de servir simplement de piédestal au bronze, le marbre onyx est employé comme matière principale; le bronze ne joue qu'un rôle décoratif, fort important, il est vrai, mais accessoire.

Toutes les pièces produites par la Compagnie sont ainsi dessinées et modelées dans ses ateliers par des artistes qui connaissent toutes les ressources des matières qu'ils emploient, et qui veillent eux-mêmes à ce que leurs créations ne soient pas mal interprétées ou médiocrement rendues par les sculpteurs et les ciseleurs qui les secondent.

La Compagnie est fondée depuis quatre ans à peine, et déjà l'usage du marbre onyx a pris un immense développement. On le tourne en colonnes, on le taille en vases, on le découpe en riches balustrades, on en forme d'éclatants panneaux, de riches cartouches pour les palais et les somptueux hôtels; la décoration architecturale y trouve pour ses lambris, ses acrotères, ses frises, ses revêtements une matière naturellement polychrome et transparente. Les reflets de la flamme jouent sur les chambranles évidés des cheminées en onyx translucide, richement rehaussés de bronzes, comme la cheminée Louis XVI qu'on admire à l'Exposition de 1862. Le statuaire s'en empare pour ses bustes, ses médaillons, ses bas-reliefs. L'art industriel en fait des pendules, des coupes, des vasques, des flambeaux, des coffrets, des plateaux, des supports de toute sorte; il l'emploie à tout ces riens si nombreux, si charmants, si artistiques, qui font le charme, le luxe, le confortable du chez-soi et de l'ameublement moderne.

Et ce n'est pas de l'engouement du moment, de la mode, qu'est né cet immense développement, il repose sur le goût le plus pur, le mieux raisonné. Le marbre onyx est la seule pierre fine, nous n'osons dire précieuse, que puisse largement employer l'industrie moderne, sans s'arrêter au prix de revient, celle qui obéit le mieux aux caprices de l'artiste, celle qui s'allie le plus harmonieusement au bronze, à l'émail, aux jeux de la lumière sur les cristaux et dans les glaces. Les maîtres miroitiers de Florence et de Venise ne produisirent pas d'œuvre supérieure, comme effet, à la glace à biseau entourée de son large cadre ovale rehaussé d'or qu'a exposé la Compagnie.

Les richesses minérales de l'Algérie sont fort grandes, mais elles attendent des bras et des capitaux hardis qui les exploitent. La Compagnie des marbres onyx aura l'insigne honneur d'avoir ouvert la route et montré l'exemple.

PARENT (A.) et **T. HAMET**. Manufacture spéciale de boutons de soie et boutons de métal, rue Michel-le-Comte, 27. Usine rue Pierre-Levée, 7.—Plusieurs inventions sont la cause du succès de cette maison; sa fondation a été marquée par l'invention et le perfectionnement du bouton de corne imitant la soie. Aux Expositions de 1849 et de 1855, elle obtenait: mention honorable, médailles de bronze et de deuxième classe, pour l'invention des boutons à *queue solide* (*queue de fil*, *queue de soie*), pour son goût et ses fantaisies de distinction pour hommes, dames et enfants; son organisation et ses nouveaux moyens de fabrication lui permettent de faire face à toutes les demandes.

PILLIVUYT et Cie, Fabricants de porcelaines, rue de Paradis-Poissonnière, 46 et 50. Fabriques à Mehun, Foëcy, Noirlac (Cher.) — Cette maison est une des plus anciennes et des plus considérables qui existent en France; elle possède trois fabriques dans le département du Cher, à Foëcy et à Noirlac, fondées en 1800 et 1820, et à Mehun, établie seulement depuis 1854. Ces manufactures de porcelaines occupent douze cents ouvriers et tirent leurs matières premières des localités environnantes. Les porcelaines sont cuites, partie à la houille, partie au bois, dans dix fours. La production de la compagnie, qui était en 1855 de 1 800 000 francs, a atteint depuis le chiffre de 3 millions; 50 p. 0/0 à peu près, sur cet ensemble, sont destinés à l'exportation. La maison Pillivuyt et Ce parut pour la première fois en 1823 aux Expositions nationales, et le jury lui accorda une médaille de bronze. En 1827, le jury rappela en sa faveur la médaille qu'elle avait obtenue en 1823. Le jury de l'Exposition universelle de 1855, en accordant à MM. Charles Pillivuyt et Ce la médaille de 1re classe, faisait vivement ressortir la valeur de leurs produits. « La porcelaine blanche exposée, dit le rapport, est de belle qualité et se recommande par la modération du prix. Ils présentent une belle collection de couleurs au grand feu, obtenues par engobe ou par émail coloré. Ils font de l'émail une application très-heureuse sur des vases de grande dimension, ornés de décorations en pâte blanche appliquée au pinceau ou par moulage. Ces vases, ainsi que ceux qui sont ornés de décorations incrustées, sont remarquables par le bon goût et la modicité des prix. » La fabrication de MM. Pillivuyt et Ce a pris depuis 1855 un grand développement. Elle comprend, en porcelaine blanche et décorée, services de table et services de dessert de toutes formes, cabarets, thés, déjeuners, garnitures de toilette, vases décorés en pâte blanche, objets de fantaisie et de luxe; articles spéciaux pour l'exportation; porcelaines allant au feu; articles pour la chimie, la pharmacie, la parfumerie, et diverses industries, etc. Médaille à l'Exposition universelle de New-York en 1853; médaille de 1re classe à l'Exposition universelle de Paris en 1855.

RAINGO Frères, Bronzes d'art et d'ameublement, rue Vieille du Temple, 102. — Fondée en 1826, cette maison a graduellement prospéré; ses premiers travaux furent des objets de vente courante; mais aujourd'hui ses fondateurs ont su réunir aux objets les plus simples les plus beaux spécimens de la fabrication du bronze, tout en conservant pour les uns comme pour les autres une grande modération de prix. Fournisseurs brevetés de LL. MM. l'Empereur et l'Impératrice, MM. Raingo frères comptent au nombre de leurs clients les plus grands noms de la France et de l'étranger, qu'ils ont rendu tributaire d'un tiers environ de leur fabrication, qui est fort importante. Du reste, le jury de l'Exposition universelle de 1855 a, dans son rapport, constaté les qualités distinctives de la maison Raingo frères. Il s'exprimait ainsi : « MM. Raingo frères (5217), France, sont à la tête d'une grande exploitation; leur dorure est très-soignée. Ils ont créé un grand nombre de beaux modèles, et ont exposé de charmants petits groupes de Clodion et des candélabres, les quatre saisons, dont la ciselure est bien ménagée. Leur excellent vase de bronze, orné d'enfants, est d'un prix très-modéré. L'exécution supérieure du travail est reconnue dans tous ses détails, ainsi que la modération de leurs prix. » Dans les Expositions où ils ont figuré, on remarque que MM. Raingo frères ont suivi la même marche ascensionnelle que dans leurs affaires. En 1849, ils recevaient une médaille de bronze. En 1855, c'est une médaille d'argent de 1re classe qui, jointe au rapport flatteur du jury, est venue récompenser leurs efforts et leurs travaux.

REQUILLARD, ROUSSEL ET **CHOCQUEEL**, TAPIS, fournisseurs brevetés de LL. MM. l'Empereur et l'Impératrice et de S. M. la reine d'Angleterre, rue Vivienne, 20. Manufactures à Tourcoing (Nord), Aubusson (Creuse). — Voici en quels termes les rapports des jurys des Expositions de Londres et de Paris s'expriment sur les produits de cette maison. *Exposition de* 1851 : « L'un des points saillants de l'Exposition est le progrès qu'a fait en France la fabrication des tapis et des moquettes veloutés pour meubles. Les produits exposés par MM. Requillard, Roussel et Chocqueel se distinguent entre tous par le mérite de la fabrication, le goût artistique des dessins et la beauté des couleurs. » *Exposition de* 1855 : « L'exposition de MM. Requillard, Roussel et Chocqueel est aussi belle qu'elle est considérable. Il y a dans l'exécution des tissus, meubles, moquettes et tapis de cette maison, une parfaite entente de la grande fabrication et la preuve tout à la fois d'autant d'intelligence que d'expérience. MM. Requillard et Cie se sont surpassés dans le travail de leurs beaux meubles genre de Beauvais, et de leurs jolies tentures pour portières et garnitures de fenêtres. » — Après de pareils éloges, que pourrait-on ajouter?

ROBERT GALLAND ET Cie, PRODUITS BITUMINEUX, LIQUIDES POUR ÉCLAIRAGE ÉCONOMIQUE, HUILES A GRAISSER, PARAFFINE, GOUDRONS POUR ASPHALTES, NOIRS POUR ENGRAIS, rue de Londres, 42. Usine à Dieppe (Seine-Inférieure). — M. Selligue, mort en 1845, et, après lui, M. de l'Isle de Sales, ont créé cette industrie, qui s'est propagée depuis dans l'ancien et le nouveau monde. En 1855, M. de L'Isle de Sales a obtenu une médaille de 1re classe ; et, en 1857, il a construit l'usine de Dieppe, qu'il dirige comme associé de MM. Robert Galland et Ce.

ROND (Th.) ET **Cie.** MANUFACTURE DE CHAUSSURES, passage Saulnier, 16. Succursale à Metz. — Jusqu'en 1814 l'industrie de la chaussure, ou plutôt la cordonnerie, s'était bornée à produire pour le client ou simplement pour la vente en boutique. Un industriel intelligent, M. Renault, venait alors de faire un voyage commercial dans les deux Amériques : artiste dans son industrie, il recueillit les types si différents et si caractéristiques des pieds de toutes les races qu'il visitait, et, rentré en France, il songea à se servir de ces sérieuses observations et de l'attrait qu'a pour tous la mode française, pour fonder une industrie nouvelle, celle de la fabrication manufacturière des chaussures de tout genre pour l'exportation. Mise en œuvre avec une activité intelligente, cette idée se développa rapidement, et lorsque M. Renault, se retirant, céda à M. Rond l'établissement qu'il avait fondé, son industrie prit encore une nouvelle extension. En 1855, le jury de l'Exposition accorda à M. Rond une médaille de bronze. Ce fut pour lui un encouragement. Outre la maison du passage Saulnier, il a établi à Metz une succursale où sont constamment occupés plus de trois cents ouvriers et ouvrières. Leur fabrication comprend tous les genres de chaussures, depuis la botte portée par l'élégant cavalier et la bottine en satin, jusqu'aux humbles souliers qui valent 24 francs la douzaine. On peut, du reste, juger, par une visite à leurs magasins, de la variété et de la beauté de leurs produits; quant à la solidité, c'est une des qualités qui a fait la réputation de leur maison.

ROUSSEAU ET **LAURENS**, DISTILLATION PAR LA VAPEUR, rue Quincampoix, 14. Usine modèle spéciale pour la fabrication des fruits conservés, rue des Fossés Saint-Bernard, 32. — Fondé en 1795, cet établissement, admis à toutes les Expositions nationales et universelles depuis 1844, s'est toujours placé au premier rang par la supériorité de sa fabrication en liqueurs et fruits conservés, qui lui ont valu la médaille de 1re classe à l'Exposition universelle de Paris en 1855, et une à l'Exposition nationale de Nantes en 1861. Leurs produits s'exportent avec avantage dans tous les grands centres de la France et de l'étranger, où leur marque est surtout appréciée et recherchée à cause de sa supériorité. — Nouveaux appareils pour la fabrication des liqueurs surfines. Machine brevetée pour le bouchage des bouteilles de fruits, marchant à la vapeur et bouchant de 600 à 700 bouteilles à l'heure.

TRÉFOUSSE ET **Cie**, FABRICANT DE GANTS, à Chaumont (Haute-Marne), — Rue Meslay, 44. — Fondée en 1833, cette usine n'occupait d'abord qu'un petit nombre d'ouvriers ; la vigoureuse impulsion de son chef, M. Jules Tréfousse, lui a donné une importance que les chiffres suivants permettront de mesurer. La manufacture de Chaumont, construite sur un terrain long de 170 mètres et large de 62, couvre une surface de 10,540 mètres carrés. Son organisation révèle une intelligence parfaite de toutes les ressources que les sciences appliquées peuvent fournir à l'édification d'une grande fabrique. Ainsi elle est chauffée à la vapeur, et l'espace chauffé ne forme pas moins de huit mille mètres cubes. L'éclairage a lieu au gaz, et pour le dire en passant, ce gazomètre est le seul qui existe dans le département de la Haute-Marne. Trente-sept ateliers bien distincts, constitués selon les principes positifs de l'économie industrielle, se partagent la fabrication. La distribution du travail entre ces ateliers et leur exact agencement offrent de véritables modèles d'organisation manufacturière. Cet établissement est du très-petit nombre de ceux dans lesquels s'opère la conversion complète de la peau brute en gants prêts à être livrés à la consommation, de là ce grand nombre d'ateliers spéciaux. Il étonnera sans doute ceux qui ignorent de quelle variété de manipulations cette fabrication se compose. Nous ne saurions les décrire, mais nous pouvons en énumérer quelques-unes. Transportons-nous donc par la pensée chez MM. Tréfousse et Ce, et suivons dans la longue série de ses transformations la peau qui subit le travail de la mégisserie. Recettage de la peau en poil, — battage de la même peau, — trillage pour la mise en mégisserie, — mise en trempe, — mise en chaux et dépoilage, — façons : travail du chevalet, du foulon, mettre boire la peau, — la peau en confit, — l'habillage de la peau, — étendage, déplissage, décrochage, mise en paquets, — mouillage, broyage, palissonage, mise en paquets, rebroyage, redressage, — la recette, le long-large, la mise en paquets. C'est-dire au total vingt-quatre manipulations pour la mégisserie! Or, après la mégisserie vient la teinture, après la teinture, la coupe ; après la coupe, la couture ; après la couture, la mise en douzaine et l'expédition. Et des vingt-quatre manipulations dont la mégisserie à elle-seule se compose, il en est une, celle qu'on a vue désignée par ces mots : « la peau en confit, » qui exige que cette peau passe onze fois par les mains ; pour les façons, elle y passe cinquante-six fois ! Voici qui achèvera d'édifier le lecteur sur l'étendue du travail que nécessite la confection de ce délicat produit, si promptement mis hors de service : Une peau pour être mégissée doit passer 138 fois par les mains ; la teinture entraîne 18 manipulations ; la coupe 34 ; la couture, 17 ; la mise en douzaine et l'expédition, 12. En résumé, un gant, depuis l'état de peau en poil jusqu'à celui de gant fini, passe 219 fois par les mains. Après cela, le nombre de 37 ateliers n'a plus rien de surprenant. Ces ateliers renferment l'outillage le plus perfectionné. Plusieurs des mécanismes ingénieux qu'on y voit fonctionner sont de l'invention de M. Tréfousse. Le nombre des ouvriers et ouvrières que cette maison emploie donnera mieux que tout le reste une idée de son importance ; il est de 2,500. Ces 2,500 ouvriers se répartissent ainsi :

Mégissiers	160
Teinturiers et ouvreurs.	30
Gautiers et gantières.	170
Employés et contre-maîtres. . . .	26
Entrepreneurs de couture. . . .	35
Ouvrières couseuses.	2,051
Boucleuses.	28

L'établissement mégit par an 504,000 peaux de chevreau de diverses provenances, tant françaises qu'étrangères. Il teint 512,000 peaux de chevreau. La mégisserie et la teinture consomment ensemble 880,000 jaunes d'œuf. Il coupe 600,000 paires de gants de chevreau qui sont cousues dans divers départements. Une ouvrière peut coudre de trois à quatre paires par jour, ce qui fait un total de 15 à 20,000 points, car la couture d'un gant de femme en comprend 2,500. Généralement, les couseuses ne travaillent aux gants que pendant huit mois de l'année ; les quatre autres mois sont consacrés aux travaux des champs. MM. Tréfousse et Ce ne se bornent pas à concentrer chez eux tout le travail de la ganterie. Ils se livrent aux diverses opérations accessoires à cette fabrication principale. Ces opérations accessoires sont, d'abord, la confection mécanique du caoutchouc employé pour fermoirs ; ensuite, la fabrication des nombreux cartonnages que nécessite l'expédition des produits à l'étranger et notamment en Angleterre et en Amérique. Ces cartonnages se font dans l'usine même. Les jaunes d'œuf sont employés dans la mégisserie et la teinture. En mégisserie, par exemple, après que les peaux ont été ébourrées, gonflées, rendues imputrescibles, on les blanchit en les laissant tremper dans un bain composé de farine, de jaunes d'œuf et d'une liqueur saline. Il importe de ne pas laisser se perdre le blanc d'œuf qui, lui, n'a pas d'emploi dans la fabrication des gants. Il sert à la fabrication de l'albumine. Or, à leurs nombreuses branches d'industrie, MM. Tréfousse et Ce ont ajouté la production de l'albumine.

La manufacture de Chaumont nous montre donc réunies dans le même local les opérations suivantes : la mégisserie, la teinturerie, la ganterie, la fabrication du caoutchouc, de l'albumine, la cartonnerie. La valeur de ces produits s'élève annuellement à plus de trois millions de francs ; ils s'écoulent exclusivement en Angleterre et aux États-Unis. Les peaux mégissées ont une douceur au toucher, une souplesse et une finesse de grain qui n'ont pas été dépassées dans les centres les plus renommés de la mégisserie. Une gamme de nuances aussi variées que possible et dont l'éclat et la pureté ne laissent rien à désirer, atteste le degré de perfection auquel la teinture est arrivée. La coupe, la couture, les broderies, les fermoirs et les enjolivements décèlent un goût parfait et une étude approfondie de la forme. La réunion de ces qualités explique amplement l'importance si rapidement acquise par ce bel établissement et la faveur dont il jouit à l'étranger.

Cependant nous n'avons pas encore dit tous les droits de MM. Tréfousse et Ce à la considération publique. On vient de voir s'ils ont le génie de l'entreprise, on va voir s'ils ont le génie du bien. En 1850, ils établirent, sous le nom de *Caisse de Prévoyance*, une Société fondée dans l'intérêt de leurs nombreux ouvriers. Les sociétaires ne versaient pas de fonds ; c'était la maison qui allouait une bonification à chacun d'eux, suivant la quantité de gants coupés, et cette bonification était versée à la caisse. Les fonds placés rapportaient intérêts. Malheureusement, en 1854, les ouvriers, peu soucieux de l'avenir, et impatients de toucher une somme devenue assez ronde, mirent dans la nécessité de prononcer la dissolution de la Société. L'actif était alors de 32,168 francs. Bien des chefs d'industrie se fussent découragés ; ceux de Chaumont cherchèrent un autre moyen d'être utiles à leurs ouvriers. Ils ont créé au profit de ceux-ci une pension alimentaire : l'achat des denrées se fait en gros, les traités sont passés à l'année avec les fournisseurs, et la consommation est livrée aux ouvriers de l'établissement, et à eux seuls, au prix de revient, contre la monnaie spéciale créée par la maison et qui ne pourrait avoir cours ailleurs. Moyennant 1 franc 25 centimes par jour, l'ouvrier peut faire deux repas et consommer un litre de vin. Cette grande manufacture n'est pas moins recommandable par cette préoccupation bienveillante du sort des ouvriers que par la puissance de son organisation industrielle et la perfection de ses produits. Ajoutons que l'honneur revient à ses chefs d'avoir rétabli, dans un département où elle avait périclité, une industrie dont la décadence, attribuée à des causes locales, passait pour irrémédiable ; ils l'ont placée au premier rang. La manufacture de gants de Chaumont a des maisons de vente à Londres et à New-York. Une mégisserie, établie à Annonay (Ardèche), en dépend.

VINAY, successeur de MOUILLERON ET VINAY, TÉLÉGRAPHIE ET HORLOGERIE ÉLECTRIQUES, MÉCANIQUE DE PRÉCISION, place Dauphine, 24. — Chronographe, système Liais ; indicateur de niveau d'eau ; sonnerie trembleuse de grande distance ; Morse, imprimeur à chaîne ; boussole de sinus ; tableau indicateur pour appartements. Médaille de 2e classe à l'Exposition universelle de Paris en 1855 ; médailles d'argent aux Expositions de Besançon et de Marseille.

VULFRAN-MOLLET. TISSUS UNIS ET BROCHÉS, LAINE ET SOIE, rue Mazarine 6. Usine à Amiens (Somme). — Fondée en 1840, par MM. Mollet-Warme frères, cette maison donna immédiatement essor à la fabrication des tissus nouveautés pour robes, pour châles et pour doublures. Elle a créé et dénommé elle-même les principaux tissus de nouveautés qui se fabriquent en ce moment encore à Amiens. C'est elle qui créa les tissus unis, laine et soie, pour doublures, connus dans le commerce sous le nom de serges, satins grecs, satins romains, et, peu après, les tissus façonnés pour doublures appelés pékins, diagonales et triangulaires. Les étoffes laine et soie pour robes, à dessins si gracieux, telles que satins américains, satins Barpour et satins d'Orient qui ont pris place dans la consommation au même titre que les soiries de Lyon, et qui sont exportées dans toutes les parties du monde, sont sorties de ses ateliers. C'est elle aussi qui créa les tissus mixtes, fond laine à grands dessins de soie, qu'elle appela orientales, satins persans et turquoises, et qui après avoir obtenu un succès universel, ont été copiés dans toutes les fabriques de France, d'Angleterre et d'Allemagne. Enfin, ses étoffes unies pour chaussures, telles que les satins français et les satins à la reine ; ses tissus unis pour vêtements, tels que cachemiriennes, [illegible], serges impériales, alépines et draps d'été, tous si connus et si répandus dans la consommation générale, rivalisent avec ce qui se fabrique de mieux dans toutes les manufactures françaises et étrangères. La maison Vulfran-Mollet a obtenu à l'Exposition de Londres, en 1851, la plus haute récompense accordée aux tissus : « Prize medal of the Exhibition. » A Paris, en mai 1855, le jury international lui décerna une médaille de première classe.

FIN DU SPÉCIMEN.

Impr. Divry et Ce, rue N.-D. des Champs, 49.

www.ingramcontent.com/pod-product-compliance
Lightning Source LLC
LaVergne TN
LVHW010219230826

846091LV00008BB/3592

9782013574167